ヨーロッパ言語共通参照枠(CEFR)
から学ぶ英語教育

Keith Morrow
キース・モロウ [編]
和田稔・高田智子・緑川日出子・
柳瀬和明・齋藤嘉則 [訳]

# Insights from the Common European Framework

研究社

*Insights from the Common European Framework*
was originally published in English in 2004.
This translation is published by arrangement
with Oxford University Press.

© Oxford University Press 2004

# 訳者まえがき

　本書はキース・モロウ（Keith Morrow）編纂の *Insights from the Common European Framework*（Oxford University Press, 2004）の訳書です。
　昨今、日本の英語教育関係者の間で頻繁に話題に上る学術書に、欧州評議会（Council of Europe）作成の『ヨーロッパ言語共通参照枠』（*Common European Framework of Reference for Languages: Learning, teaching, assessment.* Cambridge University Press, 2001）があります（原著は CEF と略記していますが、CEFR がより一般的ですので、本書では CEFR と略します）。CEFR は本来、様々な社会的・文化的背景から多種多様な言語が使われている欧州において異なる外国語間に共通する基盤を作成する必要性から、欧州評議会が提起した枠組みです。つまり、欧州評議会に属する各国が言語教育施策、カリキュラムやシラバスの作成、指導、学習、その成果としての言語力の評価などの点で依拠すべき共通の枠組みが出来上がったのです。しかし、CEFR は欧州各国の言語教育関係者などに注目され、受け入れられただけではなく、世界中の言語教育関係者に多大な影響を与えました。日本の言語教育界も例外ではなく、CEFR の公表（2001）を受けて様々な反応が見られ、現在も CEFR についての研究・報告が盛んに行なわれています。
　CEFR に対する日本側の受け止めにおいて特徴的なことは、英語以外の外国語教育関係者の努力でしょう。CEFR の日本語訳は、『外国語教育 II ——外国語の学習、教授、評価のためのヨーロッパ共通参照枠』（吉島茂ほか訳・編）として 2004 年に出版されました。また、日本語教育関係者が国際交流基金と協力して CEFR の実践やその報告を積極的に行なっています。そして、CEFR を実際の言語教育の場に取り込んでいるのは、英語を含め、大学、語学学校や民間の外国語教育に多いと言えます。例えば NHK は、いち早く CEFR のレベル分けに対応して NHK 英語講座を再編成し、独自の「新しいレベル設定」を 2012 年度から行なっています。もうひとつの

## 訳者まえがき

特徴は、民間のテスト作成・実施団体のすばやい反応です。CEFRの重要なねらいは、欧州や世界各地で展開されている様々な異なるテストの結果を共通の尺度の上に並べ、比較対照できるようにすることですから、このような流れは当然のことでしょう。日本の社会や教育環境を強く反映しているテストを作成・実施している日本英語検定協会も、2006年に「英検Can-doリスト」を発表しました。英検以外の民間のテスト作成・実施団体も、それぞれCEFRに対応するテストのレベル設定を作成し、公表しています。

日本の初等中等教育段階におけるCEFRへの対応は、一部の学校や教育団体を除いて、それほど積極的ではありませんでした。しかし、2011年(平成23年)に文部科学省が設置した「外国語能力の向上に関する検討会」が、「国際共通語としての英語力向上のための5つの提言と具体的施策」として「中・高等学校は、学習到達目標を「CAN-DOリスト」の形で設定・公表するとともに、その達成状況を把握する」ことを提言しました。

これを受けて、文部科学省が「CAN-DOリスト」の形での学習到達目標設定に関する検討会議を設置し、検討を開始したことを契機に、中・高等学校の「CAN-DOリスト」に対する関心が急速に高まってきました。検討委員会は「手引き」を作成し、この機運をさらに高めることを表明しています。CEFRは「CAN-DOリスト」以外にも言語教育に関する重要な情報を豊富に含んでいますので、CEFRイコール「CAN-DOリスト」と捉えることは短絡的な考えですが、「CAN-DOリスト」がCEFRの重要な柱であることは間違いないでしょう。

このようにして、日本の初等中等教育段階におけるCEFRに対する取り組みはこれから活発になるでしょう。しかし、「CAN-DOリスト」をどのように作るのか、作ってどうするのか、英語教育の何を改善することができるのか等の問題は、今後の重要な検討課題であると言えます。

今回、本書の訳を思い立った理由は、これから中学校・高等学校でCEFRや「CAN-DOリスト」についての様々な課題を検討するに当たって役立つ情報を豊富に含む原書の魅力にあります。もうひとつの理由は、原書の執筆者のCEFRに対する真摯な姿勢です。本書の論文の執筆者は、随所でCEFRの理念の複雑さと実践の難しさを率直に認めており、同時に、CEFRやCAN-DOをしっかりと受け止めようと努力しています。この姿勢はこ

訳者まえがき

れから「学習到達目標を「CAN-DO リスト」の形で設定」するという作業に取り掛かる日本人英語教師、それを英語教育の場で生かす方策と正面から向かい合わねばならない日本人英語教師にとって非常に大切なことだと思います。

　本書の構成と内容は次のようになっています。読者は自分の問題意識に応じて、興味を引き付けられる章から読むのもよいでしょう。

第1章　本章では、CEFR がどのような教育的・政治的・社会的・文化的背景から作り上げられたかが簡潔に述べられています。CEFR の正式名称を構成しているそれぞれの語の意味や「能力記述文」の意義、CEFR の言語教育観などが簡潔にして明快に説明されています。(訳担当：和田稔)

第2章　本章では、「自律した学習者」(autonomous learner) の育成をねらいとする「ヨーロッパ言語ポートフォリオ」(ELP: European Language Portfolio) について概観した上で、実践への手がかりを豊富な具体例を挙げて説明しています。ELP と「能力記述文」は CEFR の車輪の両輪ですが、不思議なことに、ELP は「能力記述文」に比べてなおざりにされる傾向があります。本章を読むことで ELP の大切さがよくわかります。(訳担当：高田智子)

第3章　本章は CEFR の実践を目指す言語教師にとって役立つものです。ひとつめは、CEFR を使いカリキュラム設計や教材開発を進めることに興味を持つ人にはぜひ読んでほしい論文です。伝統的な文法シラバスに CEFR の指標を組み込む可能性を取り上げています。もうひとつは、CEFR を教員教育のために活用した大学でのコース実践の報告です。CEFR の難しさ、有用性などが丁寧に記述されています。(訳担当：緑川日出子)

第4章　本章では、CEFR を言語力の評価 (テスト) の観点から取り上げています。テスト結果とそれに基づくアドバイスなどを学習者にフィードバックすることを特徴とする診断型言語評価システム「ダイアラング」(DIALANG) と CEFR との関係を詳述した論文

v

があります。さらに、もうひとつの論文では、様々な評価や試験、語学講座のレベルをCEFRの枠組みに沿って位置づけるためにはどのような手続きが必要になるかについて詳細に説明しています。（訳担当：柳瀬和明）

第5章 本章は、CAN-DOを教室での実際の指導や学習にどのように具体化するかという問題意識のもとに実践した、格闘の記録と言えるでしょう。一般的な「能力記述文」をシラバスや教材と具体的に関連づけるには、その一般的な記述を細目化・具体化する作業が必要です。このような試みでは、「能力記述文」を学習者の特徴や学習目的に合わせて手直しする必要があります。CEFRを既存のカリキュラムの見直しに活用したり、学習者の意識改革に生かす様々な試みが報告されています。（訳担当：齋藤嘉則）

　最後に、本書が完成するまでの過程でお世話になった方々に御礼を申し上げます。特に、研究社編集部の津田正氏と鎌倉彩氏には大変お世話になりました。訳語の選択、英文の解釈などについて鋭い指摘を頂きました。心から御礼申し上げます。ただ、誤訳などは訳者の責任であることは言うまでもないことです。

　また、本書に興味を抱き、手に取ってくださる言語教育関係者に御礼を申し上げたいと思います。CEFRという難物に接近したいと考えている言語教育者と本書を共有することができることを喜んでいます。

　　2013年3月

　　　　　　　　　　　　　　　　　　　　訳者代表　和　田　　稔

## まえがき

　本書は内容と形式の点で *ELT Journal* に掲載された論文を踏襲している。本書は自由な立場で書かれたものであるが、*ELT Journal* の特別号と呼んでも差し支えないだろう。すべての論文が共通のテーマを論じているからである。
　本書のねらいは *ELT Journal* で毎号述べられているねらいと同じである。

> *ELT Journal* は、第二言語または外国語としての英語教育の分野に携わる人たちのための季刊誌である。その目的は、英語教育に携わる人々の日常の実践上の課題と、教育学、言語学、心理学、社会学など貴重な洞察を与えてくれる関連学問分野との間の橋渡しをすることである。

　書名が示すように、本書が焦点を置くのは「洞察」('insights')ということである。つまり、ヨーロッパ言語共通参照枠（Common European Framework of Reference for Languages, 以下 CEFR と略す）が提示する「理論」と、言語教育者がその理論を理解し実行する「実践」との間の橋渡しをすることを目的としている。
　*ELT Journal* は、毎号性質を同じくする実践研究について報告する論文を掲載している。学問的文献から得た理念は、具体的な状況で実践・改善され、発展する。その結果、執筆者も読者も、本来の理念とその理念がどのように実践に影響を与えるか（また反対に、理念がどのように実践に影響されるか）をいっそう深く理解することになるのである。
　まさに、このことが本書のねらいである。CEFR は石に固定されてしまったものではなく、ある意味、進行中のものである。これはブライアン・ノース（Brian North）が本書の論文で述べている通りである。本書のねらいを以下に示す。

まえがき

- CEFRの背景を説明すること
- CEFRの内容を明らかにすること
- CEFRが今後及ぼしうる影響を検討すること
- CEFRが実際にどのように使われているかを示す具体的実例を提供すること

このようにして、私たちはさらに多くの実践者がCEFRの理論を踏まえてCEFRに関わることを促したいと考え、その結果、実践者がCEFRの改善に寄与することになればと望んでいる。

これはきわめて大切なことである。なぜならば、CEFRは英語教育に限らず言語教育にとって非常に意義ある潜在力を秘めていて、昨今話題になることが多い割には理解されていないことが多いからである。なぜこのようになったかというと、イギリスのケンブリッジ大学出版局から出版された入手可能な唯一の文書（ウェブ上でもダウンロード可能であるが）がきわめて読みにくいからである。活字がぎっしりと詰まった250ページの文書で、相互の関連がわかりにくい図表が多数散りばめられているのである。

このような状況にもかかわらず、CEFRは既に次の領域において重要な影響を与えている。

- 学び方を学ぶこと——特にヨーロッパ言語ポートフォリオ（European Language Portfolio）を通して
- 教員教育——CEFRは研究の目標と着想のヒントを与える
- シラバスとコース作成——国の教育当局（例：イタリア）や出版社が、シラバスやコースを決めるに当たってCEFRを参考にすることが増えている
- 試験——CEFRに示されているレベルと能力記述文を用いて説明をする試験が増加している

これらが本書の各章で重点を置いた領域である。私たちは本書の論文が興味をかきたて、考える意欲を促すようなものであることを望んでいる。

最後に、不可能に近い締め切りへの挑戦をいとわなかった寄稿者に感謝すると同時に、本書をこんなにもすばやく出版するために大小様々な奇跡をやってのけたことに対して、オックスフォード大学出版局の編集部のみ

なさんに感謝を申し上げたい。そして、ネウス・フィゲラス (Neus Figueras) とハンナ・コモロウスカ (Hanna Komorowska) の2人に対しては、原稿の精読に当たって助けていただいたことに特に感謝したい。

キース・モロウ (Keith Morrow)
*ELT Journal* 編集長

〈参考文献〉

Council of Europe. 2001. *Common European Framework of Reference for Languages: Learning, teaching, assessment.* Cambridge: Cambridge University Press. 次のサイトからダウンロードも可能 <http://www.coe.int/t/dg4/linguistic/Cadre1_en.asp>

ELT Journal. <http://eltj.oxfordjournals.org/>

# 目　　次

訳者まえがき　　　iii
まえがき　　　vii

## 第1章　背　　景——————————— 1
1. CEFR の背景（キース・モロウ）･･････････････････ 2
2. なぜ CEFR は重要なのか（フランク・ヘイワース）･･････････ 15

## 第2章　学習者の学びを支える：ポートフォリオ、自己評価、方略の指導——————————— 31
1. ヨーロッパ言語ポートフォリオ（ピーター・レンツ）･･････････ 32
2. CEFR を用いて学び方を学ぶ（ルチアーノ・マリアーニ）･･････ 46

## 第3章　コース設計と教員教育における CEFR——— 63
1. CEFR と中等学校用シラバス（ジュリア・スター・ケドル）････ 64
2. 教員養成と現職教員研修における CEFR
（ハンナ・コモロウスカ）･･････････････････････ 83

## 第4章　学習者ができることを明らかにすること——— 97
1. 診断型テストを通じて言語学習を促進するための CEFR の利用
（アリ・フフタ、ネウス・フィゲラス）･･････････････ 98
2. 評価、試験、講座を CEFR に関連づけること
（ブライアン・ノース）･･･････････････････････116

## 第 5 章　シラバスと教材の設計 ──────── 137
1. アイルランド初等学校における事例研究：転入生徒に対する
   ESL カリキュラム開発のための CEFR の活用
   （デイビッド・リトル、バーバラ・レーゼンビー・シンプソン）···138
2. ブリティッシュ・カウンシル・ミラノにおける事例研究：
   10 代の生徒を対象とした英語コース開発のための CEFR の活用
   （アンドリュー・マナセ）······························157
3. グロスターシャー大学における事例研究：成人対象の英語コース
   開発のための CEFR の活用（ピアズ・ウォール）············174

参照文書　　189
索　　引　　203
訳者紹介　　206

# 第1章

## 背景

# 1. CEFR の背景

キース・モロウ（Keith Morrow）

■ 概　要

本稿では、CEFR を欧州評議会が 40 年以上にわたり支援し進めてきた言語教育分野における発展の成果であるととらえた上で、その基本的特徴を概説し、その使用目的を明らかにする。

■ 欧州評議会

欧州評議会が言語教育の諸理念の発展に果たした役割は、過去 40 年間あまり知られるところがなかったと言ってもよいだろう。このことは欧州評議会についての人々の無知が広範囲に（特に、イギリスで）及んでいたことを反映している。この組織は何か。なぜ言語教育に関心があるのか。「ヨーロッパ的課題」（European agenda）というようなものは存在するのであろうか。

これらは本書との関連において検討すべき重要な疑問である。なぜならば、「ヨーロッパ言語共通参照枠──学習、教授、評価」（Common European Framework of Reference for Languages: Learning, teaching, assessment, 以下 CEFR と略す）は欧州評議会が強く望み目指してきたものであり、1950年代後半から始まった作業の成果であるからである。

なぜ「ヨーロッパ」か

そこで、まずはっきりさせるべきことは、名称中の「ヨーロッパ」という語が特別な意味を持つという点である。それはヨーロッパ大陸だけに適応し、ほかの地域では意味を持たない理念というのではない。また、共通の政治的・経済的枠組みの中で協働する道を求めることを決めた諸国民国家が主導する「ヨーロッパ連合」（European Union）の産物でもない。

欧州評議会はヨーロッパ連合とは無関係である。確かに、広い意味では

CEFR は「政治的」であり、加盟国の人権、民主主義、法の支配を守ることをねらいとしているが、欧州評議会の仕事の重要な点は政治的、経済的といった狭いものではなく、本質的には文化的なのである。CEFR の本質を探るには、その歴史的背景を多少知っておいたほうがよいだろう。

**欧州評議会とは何か**

欧州評議会についてはウェブ上で知ることができる（www.coe.int）。欧州評議会はヨーロッパ大陸で最も長い歴史を持つ政治的組織であり、1949年に設立された。現在 45 か国（2013 年現在では 47 か国）が加盟しており、そのうち 21 か国は中央または東ヨーロッパの国々である。本部はストラスブールにあり、すべての加盟国の代表から構成される大臣委員会が運営する。欧州評議会の目的は以下の通りである。

- 人権、議会制民主主義、法の支配を擁護すること
- 社会的・法的慣行の統一に向けて参加国の共通理解の確立を目指すこと
- 共通の価値観を踏まえ、文化間の違いを越えたヨーロッパとしてのアイデンティティの認識を促進すること

本書との関連で最も重要な点は、上記のうち最後のものである。他国の文化を理解し、価値を認識することを可能にするのは言語だけであるからである。

■ **欧州評議会と言語教育**

欧州評議会の立場から見ると、「ヨーロッパ」の最大の特徴は、ヨーロッパの人々が使用する母語の種類の多さである。もちろん、これはほかの大陸でも珍しいことではない。アフリカ大陸でもアジア大陸でも多様な言語が使われている。しかし、北米大陸では（ケベックでのフランス語の使用を例外として）公のコミュニケーションにおいてただひとつの母語を重視することが、アメリカ合衆国の諸州およびカナダ諸州の文化的統一の主要な特徴だったと言って差し支えないだろう。最近アメリカ合衆国では 2 言語使用政策を公認する必要性が高まり、状況は複雑化しているとはいえ、歴史的に見れば、英語の優位性は否定できない。同様に、中央アメリカと

第1章 背　　景

南アメリカでは、スペイン語が強制されるという歴史的結果として、異なる国々の間で文化と経験を共有する手立てが作り出されることになった。

**ヨーロッパのバベルの塔**

　しかし、ヨーロッパでは事情が非常に異なる。国民国家は多少なりともそれぞれ独自の言語を持っているが、隣国と言語を共有する国もあるし、公的目的のために複数の言語を使う国もある。したがって、欧州評議会にとっては、ヨーロッパ大陸の言語的多様性は最初から大きな課題であった。欧州評議会の目的が、ヨーロッパの人々に自己の文化の枠を超えて、ほかの場所で起こっていることを視野に入れるよう促すことであるとすれば、「起きていることが言葉のために理解できない」という単純な問題が障害となっていることは明らかである。

　この問題の解決策のひとつは、ヨーロッパで「共通語」(lingua franca)の使用を進めることだろう。英語、フランス語、ドイツ語、あるいはスペイン語が、国際的に使われ教授されている言語として手近にあった。あるいは、エスペラント語や類似の人工的言語の使用を推進することもできたであろう。しかし、これらの方策は採られなかった。理由は明らかである。自国の言語が選ばれないという各国民の政治的感情を考えれば、自然言語の採用は論外であったし、人工的言語を選んだ場合、国同士の文化伝達における障害は甚大だっただろう。

　加えて、ヨーロッパの諸言語はヨーロッパの諸文化遺産の本質を成すということが早くから認識されていた。文化への接近を促すことを大切にする組織にとっては、ヨーロッパ諸国の言語を守り、使用を促すことが必要なのであり、脇に追いやるわけにはいかなかったのである。

　以上のような理由で、欧州評議会は長年にわたり言語教育と言語学習の促進を最も優先順位が高い分野としてとらえ、同時に、異文化認識の育成が外国語能力の習得の本質であると考えてきたのである。

**複言語主義**

　欧州評議会の仕事の中核を説明するために、CEFRには「複言語主義」(plurilingualism)という用語が導入された。この用語の詳細な説明はCEFR (2001: 4)を参照してほしいが、簡単に言えば、政府と個人双方の側がと

るべき行動を意味する。政府は言語学習の機会を拡大し、市民が他言語に接する機会を増やす責任があり、個人は言語教育と自己の学習スキルを身に付けることを通して、どのようにぎこちなくて不完全であろうが、他言語の使用者と意思疎通ができる能力を向上させるように努力するべきである。この目的を果たすためには、どんなに不完全でもその学習言語の能力を利用し、自分の母語や既に学んだ他の言語の使用を通して得た様々なスキルや認識を生かせるようにすべきである。つまり、複言語主義は、多くの人々が他言語についてある程度の能力を持っていることを認めているのである。言語教育の役目は、人々にこの事実に気付かせ、その能力を養い、促進することである。

### ■欧州評議会と言語教授法の開発

言語教育の分野での欧州評議会の最初の具体的仕事は、1950年代後半の「フランス語基礎」、つまりフランス語の基礎文法と基礎語彙を明確にすること、および「フランスの音と映像」、つまりフランス語を学習する成人を対象とした視聴覚コースの開発の支援であった。

このような成人を対象とした言語教育の重視が、欧州評議会の初期の仕事の特徴である。実際、CEFR の作成より前の最も大切な業績は、「学校教育外教育のための委員会」(Committee for Out of School Education) の支援のもとで具体化された。1970年代に行なわれたこの仕事の結果、「概念・機能シラバス」、「スレショールド・レベル」(Threshold level) が開発され、「コミュニカティブ・アプローチ」が誕生した。これらを支える理念は、当初の発達の原点の場以外においても検討され、改善されたが、そのような場を定め、そのような発展をもたらす枠組みを提示したのは欧州評議会であるという点を認識することは大切である。

この仕事を推進した原動力は「単元・単位制度」(unit-credit system) である。この制度では学習者は(具体的な概念・機能から成る)「単元」を学習し、「単位」を得るのである。

これはそれ以前の言語教育・学習方法からの完全な決別であった。以前は、学習者は学ぶにつれてより複雑さを増す言語の諸相を学ぶために、終着点の見えないような努力をしたのである。しかし、今では即時に「払い戻し金」(surrender value) が手に入るような学習の領域が提示され、学習

第 1 章　背　　景

した言語は教室外で即座に応用できるようになった。このように、実際の意思伝達のための言語使用を重視し、部分的にしか言語を習得していなくても達成できるような目標を明確に定めるという考え方が先駆けとなり、のちの CEFR においてより完成された理念となった。これが世界の言語教育に与えた影響は、いくら強調しても強調しすぎることはない。

　1980 年代には、欧州評議会は「スレショールド・レベル」(Threshold level) に組み込まれている理念に基づいていくつかの新たな仕事に取り組んだ。より下位の目標に対して「ウェーステージ・レベル」(Waystage level) が開発され、マルチメディアのテレビ番組「フォロー・ミー」(Follow Me) がこのレベルに基づいて作成された。また、大規模な教員研修会が組織された。

　1980 年代後半から 1990 年代にかけて中央ヨーロッパと東ヨーロッパで起こった政治体制の変化によっていくつかの国が新たに加わった結果、言語学習の分野で欧州評議会の仕事に新たなはずみがつくことになった。1989 年から 1997 年にかけて「ヨーロッパ市民のための言語学習」(Language learning for European citizen) と名付けられた一大プロジェクトが行なわれ、新加入の国々の言語教育の改革と発展のためのガイドラインが作成された。

　言語教育を含め、広い意味での教育についての欧州評議会の関心事は、人間の価値の向上であり、それは下記の文章に明瞭に表されている (欧州評議会のホームページを参照のこと)。

　　人権、民主主義、寛容、相互尊重、法の支配、紛争の平和的解決の理念を、日常の教育と学習の営みの中で具体化するようにすること

■ CEFR
　CEFR は以下のような同意に基づき 1991 年に正式に始まった。

　　同意された記述的共通参照基準に照らし難易度判断の基準が定められるならば、種々の資格の相互承認、学習の目標と目標達成基準についての意思疎通はかなり容易になるだろう。(Trim 2001: 5)

## 1. CEFRの背景

　そのねらいは、異なる国や地域の学習者の目標と到達基準を比較できる方法を確立することにより、ヨーロッパにおける言語教育促進の手段を提示することであった。しかし、このようなねらいに見合う作業は、必然的に応用範囲が非常に広範なひとつの文書に帰着せざるを得なかった。なぜなら、そのねらいは、Trim (2001: 5) が言う次の要素を検討することおよび文章化することであったからである。

　　言語使用および多様な「能力」。つまり、言語使用者相互の意思伝達を可能にする共有された知識と技能。可能な場合、これらの能力は6段階の習熟度を規定する短い能力記述文により、個別にレベル分けされる。

　これは記念碑的事業であり、その成果は 250 ページ (英語版で) にも達する大部で包括的なものとなったのである。

**包括さと複雑さ**
　まさにこの特徴が現行の CEFR の長所のひとつであると同時に、逆説的なことだが、短所のひとつでもある。言語使用者がコミュニケーションで使用する多くの能力を記述し、それらの能力の運用の様々なレベルを明確にすることにより、CEFR の作成者は言語学習者と言語教育者が直面する課題の複雑さを明らかにしたのである。
　自分の仕事の指針を求めて CEFR に近づいた読者たち——指導計画作成者、テスト作成者、教材作成者、教員教育者、教師——はその詳細さ、記述文の多様さ、専門用語の多さに困惑することになる。さらに言えば、発表されている CEFR は必ずしも使用者を思いやるものではない。初めての読者に手を差し伸べるような要素はほとんどなく、活字は小さく、レイアウトはぎっしりと詰まっていて読みにくく、使われている用語が重苦しく複雑に入り組んでいる。専門用語が多く、独特の用法で使用されている。図表と記述文が果てしなく続き、それらの相互の関係がわかりにくい。
　しかし、上等な文学作品と同様、CEFR は注意深く研究するだけの価値がある。飛行機の設計図が就寝前の「易しい」読み物であることを期待する人はいないであろう。それならば、なぜ、人間が習得する (もしくは獲

第 1 章　背　　景

得する）行動の中で最も複雑と思われるものの説明書が簡単であることを期待すべきなのだろうか。確かに、提示の仕方に改善の余地はある。読者は多種多様なのだから、読者にとって興味があり必要性が高い箇所にもっと簡単にたどり着ける「入り口」を示す必要があるだろう。しかし、内容の豊富さと幅広さこそがすばらしいのであり、読者に役立つ可能性は高い。

　私たちが設計図を特定の目的のために単純化したいと考えるのはもっともなことである。CEFR も読者が使いたい箇所を選び出すことを勧めている。しかし、乗客、パイロット、航空会社の責任者が自分たちの飛行機が包括的な設計書の通りに設計されているかどうか知りたいと思うのと同様に、学習者、教師、教育大臣は、言語教育についての決定が習得すべき能力の完全な記述に基づいてなされていることを知りたいと思うのも当然であろう。今はじめてそのような記述が入手可能となったのである。

■ CEFR のねらいは何か

　CEFR の正式名称は「ヨーロッパ言語共通参照枠──学習、教授、評価」(Common European Framework of Reference for Languages──Learning, teaching, assessment) である。この名称のキーワードは、不幸なことにしばしば省略される 2 つの単語、つまり「参照の」(of reference) である。既に述べたように、CEFR 作成に到るプロジェクトの本来のねらいは、「様々な検定資格の相互承認、および目標と目標達成基準についての意思疎通」を促すことであった。したがって、CEFR の内容は参照として機能するように意図されていて、CEFR に照らし異なる検定試験を説明し、異なる言語学習の目的を特定し、異なる到達度基準の基礎を明示することを目指していた。

**記述であり、規範ではない**

　CEFR の最も重要な特徴がそのねらいに含まれている。それは記述的枠組みであり、提案、勧告、指針といったものではないということだ。このことは CEFR の序論にはっきりと述べられている。この点については、本書への寄稿者の数人が取り上げているが、ここで繰り返しても差し支えないだろう。

　「ヨーロッパ」という刻印を持った先進的な試みの背後に、「同質化」「標

準化」「官僚的干渉」を読み取る人がいる。ほかの分野においてそのような恐れがいかに正当化されようが、CEFR はこの点ではやましいところはない。本書でフランク・ヘイワース（Frank Heyworth）が述べているように、このようであるからと言って、CEFR が主義主張に欠けていて、言語学習とは何か、学習者の役割は何か、特に言語学習の価値とは何か、という点について無方針で完全に中立的だというのではない。その意味するところは、CEFR は学習目標、シラバス編成、教室内での指導法などに関して独断的ではないということである。これらの領域やほかの領域でも、CEFR は幅広い選択肢を提示し、特定の学習コースや試験がほかの学習コースや試験とどのように類似し異なっているかについて明確に説明できるようにしている。

**意識化を促すこと**

　このような点が CEFR 本来のねらいであったが、その有用性と価値はこの点を超えている。教師、学習コース立案者、カリキュラム編成者、試験団体は自分たちが行なっていることを記述する手段として CEFR を活用することができる。その目的は他の領域で行なわれていることと中立的に比較することではなく、自分たちが行なっていることを批判的に検討し、CEFR で提示されている理念や情報を活用して改善することなのである。

　CEFR は設計図のようなものだと前に述べたが、この意味で言うと CEFR はむしろ精密な地図に近い。言語教育・言語学習に携わる人はすべてある種の旅に参加していると言える。CEFR は人々が進むべきルートを指示しているのではない。人々が自分のルートを計画できるように、あるいは各自が日常とっているルートを改めて検討し、今現在も最善のルートであるかどうか見極められるように、詳細な地形図を提示しているのである。前述したように、CEFR の難しさは、地図が詳しすぎて「木を見て森を見ない」ということになりうるという点かもしれない。しかし、少なくとも、轍にはまって動けなくなることは避けるべきである。

## ■CEFR の内容は何か
**共通参照レベル**

　CEFR の中核は共通参照レベル、つまり、全体的尺度である（本書巻末

第 1 章 背　　景

の参照文書 1 を参照のこと）。これは言語運用力の各レベルにおいて、言語使用者が「何ができるか」を大まかに示し、記述したものである。レベルは全部で 6 段階――「基礎的レベル」（A1, A2）、「自立したレベル」（B1, B2）、「熟達したレベル」（C1, C2）――に分かれている。これらはレベルや到達度、それに目標の設定の参照としての役目を持つ。これらの符牒は「中級前段階」とか「大学レベル」とか「学習歴 3 年」といった呼称の目安となるものである。また、学習者があるレベルで何ができるとよいかを明確にするものである。

　言葉を使って言語運用を説明しようとするどのような試みにおいても、明細もしくは「能力記述文」と呼ばれるものが完全に正確であることはありえない。一例として、B1 の最初の文を見てみよう。

　　仕事、学校、余暇などで日常出会う身近な事柄についての明瞭で標準的な話の要点を理解できる。その言語が話されている地域を旅行しているときに起こる可能性のあるたいていの状況に対応できる。

「要点」とは何か。だれが決めるのか。「明瞭」とは私の意見なのか、あなたの意見なのか。私が旅行しているときに起こりそうな事態はあなたが旅行しているときに起こりそうな事態と同じなのか。「たいていの」（most）とはどのくらいの数か。

　このような問題は、全体的尺度の能力記述文それ自体が指示的に過ぎないことを示している。しかし、North and Schneider（1998）の研究によれば、能力記述文は有意味であり、読むことや書くことのような具体的領域、あるいは、例えば「手がかりを見つけて推察すること」「発言権を得ること（話者交代）」のような具体的な能力については、能力記述文は難易度判断の基準として信頼性があるという証拠が示されている。

**下位尺度**

　6 つのレベルの言語運用能力の「全体的」尺度については、それが氷山の一角に過ぎないと認識することが重要だ。言語運用能力の全体的定義を支えているのは、所定のレベルの言語使用者の能力を構成している幅広い能力についての記述文なのである。

1. CEFR の背景

## 共通参照レベル：全体的尺度

| 受容 | | | やりとり | | 産出 | |
|---|---|---|---|---|---|---|
| 話し言葉 | 視聴覚 | 書き言葉 | 話し言葉 | 書き言葉 | 話し言葉 | 書き言葉 |
| 総合的な聴解 | TVと映画の視聴 | 総合的な読解 | 総合的な話し言葉でのやりとり | 総合的な書き言葉でのやりとり | 総合的な口頭での産出 | 総合的な文字による産出 |
| 母語話者同士のやりとりの理解 | | 手紙文の読解 | やりとりにおける理解 | 手紙のやりとり | まとまりのある発話：経験を語る | 創作 |
| 聴衆のひとりとしての聴解 | | 指示や説明文の読解 | 母語話者の対話相手の理解 | メモ、伝言、書類の記入 | まとまりのある発話：意見の主張 | 報告書やエッセー |
| 伝達放送や指示の聴解 | | 情報や議論のための読解 | 会話 | | 公的な場での伝達や発表 | |
| ラジオや音声録音の聴解 | | 指示文の読解 | 形式ばらない討議 | | 聴衆に向かっての演説 | |
| | | | 改まった討議 | | | |
| | | | 目標達成のための協同作業 | | | |
| | | | 物品やサービスの授受 | | | |
| | | | 情報交換 | | | |
| | | | インタビュー | | | |

表1 全体的尺度の土台をなすコミュニケーション活動

〈注〉これらのコミュニケーション活動のリストは、ほかの能力とともに本書巻末の参照文書5に提示されている。そのリストにはCEFRの英語版のページが示されていて参照できる。そこにはこれらの領域における運用能力の能力記述文が示されている。

第1章 背　　景

　表1は、全体的尺度を支えるコミュニケーション活動の一覧表である。これらすべての領域で能力記述文が作成されている（通常は6レベル）。コミュニケーション活動のリストはすべてを網羅しているわけではないことは明らかである。例えば、「書き言葉での産出」の領域で言語使用者にとって必要があるライティング活動は、ほかにも容易に想定できる。しかし、これらの「例示的」領域が作り出され、その領域内の運用能力の尺度を作成する方法についての情報が提供されているために、CEFRの利用者は特定の目的のために自分で記述文を作ることが可能なのである。

　CEFRにはコミュニケーション活動の記述と同様にほかの能力、つまり、コミュニケーション方略のような言語運用能力や言語力の尺度も示されている。これらのリストは本書巻末の参照文書5に提示されている。参照用にCEFRの英語版のページが載っており、参照先のページには様々な尺度が示されている。

　これらがCEFRの核であるが、もちろん、CEFRにはここで論じた尺度や能力記述文のほかにも多くの内容が含まれている。そのような内容の側面についてはヘイワースが論じている。また、ほかの執筆者は異なる状況や異なる目的のためにCEFRを実際に応用することに焦点を当てて論じている。

### ■CEFRは役に立つか

　CEFRの批判者は当然存在する。形式と記述方法の問題点については本稿で述べた。これからCEFRを活用しようとする人の中には、ハンナ・コモロウスカ（Hanna Komorowska）の学生たちと同じような拒否反応を示す人も多いだろう（p. 87参照）。

> 学生たちは特に言語使用、言語学習、言語教授に関する章に重複があることを指摘し、延々と続く分類や表を取り上げて、CEFRの長さと構成を批判した。

　ジュリア・ケドル（Julia Keddle）が主張する立場に同意する人も多いだろう（p. 64参照）。

1. CEFR の背景

筆者は CEFR の熱烈な支持者であると同時に批判者でもある。

　もっと激しい人々もいる。ドイツ人の学者（Bausch, Christ, and Königs 2002）たちは、編集した最近の出版物で CEFR を徹底的に批判した。彼らは、CEFR は理論的基盤が脆弱である（一貫した理論的裏付けの欠如、あいまいでブレのある用語の使用）と批判し、実用性の点でも疑義がある（出版社や ALTE（Association of Language Testers in Europe、ヨーロッパ言語テスト協会）のような国際的テスト機関の商業的必要性に力点が置かれている）と主張した。CEFR の執筆者は、ドイツ語で書かれた学術論文を無視し、フランス語と英語で書かれた文献に全面的に依存しているとしてドイツ語話者のグループに批判されているのである。CEFR 自体が異文化認識を促すために書かれた文書であることを考えると、この批判は効果的だ。

　このように、結論はまだ出ていない。しかし、コモロウスカは学生たちの疑念にもかかわらず、CEFR には研究の価値があると考えている。ケドルは不満を感じながらも CEFR に関わり続けると言う。本書のねらいは「洞察」（'insights'）にある。本書が伝えたいことは、CEFR を理解しようと努めることによって、言語教育の分野について我々の仕事をいっそう深く理解することができるようになるということである。しかし、CEFR のように幅広く重要な仕事が批判されないとしたら、驚くべきことである。世の常として、公平で妥当な批判もあれば、そうでない批判もある。Bausch, Christ, Königs の著書の匿名の書評者は、ドイツの Amazon ウェブサイトで次のように述べている。

　　この本の寄稿者すべてが CEFR を入念に読んだわけではないとの印象を持つ。

　CEFR を手に取った人はみな、これを読みたくはないという気持ちを理解できるだろう。しかし、本書の寄稿者に対して同じようなことを言われたくないものだ。

第 1 章　背　　景

〈参考文献〉

Amazon http://www.amazon.de（2003 年 12 月検索）

Bausch, K-R., H. Christ, and F. G. Königs（eds.）. 2002. *Der Gemeinsame europäische Referenzrahmen für Sprachen in der Diskussion*. Tübingen: Gunter Narr Verlag.

Council of Europe Education home page
http://www.coe.int/t/dg4/education/default_EN. asp（2013 年 1 月検索）

North, B. and G. Schneider. 1998. 'Scaling descriptors for language proficiency scales'. Language Testing 15/2: 217–62.

Trim, J. 2001. 'The Work of the Council of Europe in the field of Modern Languages, 1957–2001'（mimeo）. Paper given at a Symposium to mark the European Day of Languages 26 September 2001 at the European Centre for Modern Languages, Graz.

〈執筆者〉

**Keith Morrow**

教師、教員研修指導者。特に、言語のテスティングに強い関心を持つ。*ELT Journal* の編集長。

# 2. なぜ CEFR は重要なのか

フランク・ヘイワース（Frank Heyworth）

■ 概　要

　なぜ教師は、250ページに詰め込まれた、わかりやすいとはとても言えない CEFR を読まねばならないのだろうか。CEFR は確かに軽い読み物ではないが、言語教師、教員研修担当者、学事担当者なら少なくとも考慮はするべき言語教育へのアプローチについて隈なく取り上げている。加えて、CEFR は言語教育のコース設計・実施に役立つ参考資料を含んでいる。CEFR の様々な側面は本書の別の章で詳しく検討されているので、本稿ではそれらの側面の背景を検討し、なぜ、どのように、それらが重要であるかを考察する。

■ はじめに

　CEFR が検討している課題を以下に示す。

1. なぜ、私たちは言語を学ぶ必要があるのか。言語は単に意思疎通のための手段か、それとも、私たちが見逃してはならない教育的・社会的ねらいがあるのか。
2. 言語を学ぶとはどのような意味か。コミュニケーション能力は文法や語彙を知ることのほかに何から構成されているのか。
3. レベルとは何か。学習者ができることを記述する標準化された尺度を作成することは可能か。異なる言語に適応可能で異なる言語使用者に妥当な尺度を作ることはできるのか。
4. 私たちはどのように学習目標を決めるのだろうか。学習者が現実的で達成可能な目標を設定するためにどのように手助けできるのだろうか。
5. 目の前に多くの指導方法がある中で、教師はどのようにして理論的に筋が通った選択をすることができるのだろうか。

6. 学習者の評価についてはどのような課題があるか。

本稿ではこれらの質問に順次答えたい。

■ なぜ、言語を学ぶ必要があるか
**言語学習の価値**
　40年以上にわたる欧州評議会の仕事において、言語学習には実用的価値に加えて個人の成長を促す教育的価値があることが一貫して肯定され続けてきた。CEFR (2001: 4) はその目的のひとつを次のように述べている。

　　思考と判断、行動の自律、そして社会的技能と責任を強化する現代語の教授法を促進すること

　学習者の自律と協働を重視する指導法は、効果的な指導法であるばかりでなく、それ自体に価値があると考えられている。欧州評議会は、「ヨーロッパにおける民主的市民」育成のための手段としての言語教育の政治的課題を暗に述べているのである。なお、これは1997年から2001年にかけて行なわれた現代語プロジェクトの名称であった。
　CEFRは、自分たちの立場は規範的ではないと言う。

　　実践家たちに何をやるべきか、どのようにやるべきかといったことを指示するつもりはない。(CEFR 2001: 序論)

　しかし、中立的であるとはとても言えない。CEFRでは一貫して、言語学習者および言語使用者は個人であると同時に社会的主体であるという点を強調している。

　　自由な移動の拡大、主体性と文化的多様性を尊重した上での効果的な国際コミュニケーション、個人間の一層密接な接触、労働関係の改善、より深い相互理解のために、言語学習は重要である。(CEFR 2001: 5)

■ 言語学習のねらい

　ここで述べられていることは言語教育の重要性を過大評価していると考える言語教師も多いだろうし、自分たちの仕事は学習者が言語を習得する手助けをするに過ぎないと言う人が多いだろう。しかし、これは重要な論争点である。

　言語教育と言語学習へのコミュニカティブ・アプローチでは、対象とする話題を選択することができる。コースブックでは言語指導の内容が日常の平凡でステレオタイプ化された場面や人物に矮小化されることが多いのは事実だが、他方、言語教師は有益な情報を提供したり、省察を促したり、社会問題に取り組んだり、個人の成長と社会的意識に寄与するような仕方で価値を推奨したり、といった機会を利用することができるだろう。

　CEFR には以下のようなねらいが明示または暗示されている。

- ヨーロッパ市民の育成、つまり、いくつかの言語を理解し、多くの国で学習をしたり旅行したりでき、多くの他国民と他国文化について知識を持ちそれらを尊敬する、教養あるヨーロッパ人の育成
- 異なる言語を知ることは知的成長、開かれた精神と柔軟性を促し、ほかの技能の育成に寄与する点で強力な要素であるという信念
- 学校は学生が将来必要とするであろう言語を予測することは不可能であることを認め、その上で、言語学習のねらいは、学生をよき言語学習者になるように訓練し、学生が必要に応じて特定の言語を習得できるようにすることであると認め、生涯にわたる言語学習に取り組むこと
- 言語学習は学習者としての独立と自律を身につける絶好の機会であり、協働などの社会的価値を促進することができるという理念

　ここに述べられていることは、言語教育はある種の特権的な立場にあるとの前提に立っている。なぜならば、内容と指導法を決める際に、他教科の教師には認められていないような自由が言語教師には与えられているからである。学生に外国語でコミュニケーションをすることを教えているときには、教師は議論すべきトピックを選択し、社会的・教育的に大切な論争点を取り上げることができるのである。指導法の点では、コミュニカティブ・アプローチは学習における協働、内省的で自律した学習習慣を育てる

第1章 背　　景

ことができる。
　言語を知るということは、文法と語彙を知る以上のことが必要である。それは、特定の状況においてどのような言語を使うのが適切か知ること（社会言語能力）、適切さの基準が文化によって異なることを知ること（異文化能力）を含む。これらの能力を習得するためには、学習者は文化の違いの概念や、言語的寛容さ、尊敬の態度を身に付ける必要があることを CEFR は提言しているのである。

■ いくつかの潜在的問題点
　確かに、このような指導理念には危険が伴う。素人的な社会工学を試みる危険、言語教師が異文化に対する偏見に影響されることはないと考える危険、他人の言語を知ることが自動的に理解と尊敬を促進すると仮定する危険などがある。そのねらいを達成するには、言語教師は具体的にどのようにすべきなのだろうか。効果的な言語学習につながる教授可能性を達成するためには、文化の違いや異文化能力についての実用的な記述がさらに多く必要だろう。
　CEFR の目的は、このような言語教育のアプローチを実行可能にするための情報を提示することである。これは共通参照レベルにも表れているほか、CEFR が幅広い能力を重視している点からもよくわかる。

■ 言語を学ぶとはどのような意味か
**行動中心の指導理念**
　CEFR の全体を通して強調されていることは、言語はどのように使われるか、そして言語学習者・言語使用者は言語を使って何ができるかということである。つまり、言語は行動中心であり、知識中心ではないということだ。CEFR の序論ではその内容の重要な側面を次のように要約している。

　　言語の学習活動は、学習者の必要性、動機、特徴によって決まる：
　　　学習者は言語を使って何をしなければならないのか
　　　学習者がやりたいことを行なうためには何を学ぶ必要があるか
　　　学習者の学習意欲を高めるには何が必要か
　　　学習者はどのような人たちか

教師はどのような知識、能力、経験を備えているか
学習者は資料・情報を活用する手段・方法を備えているか
学習者はどのくらいの時間を使うことができるか
(CEFR 2001: 4)

　CEFR はこれらの点をすべて取り上げ、「コミュニカティブ・アプローチ」が内包するものについて理論的で詳細な説明をしている。つまり、学習者の機能的目的に基づいた必要性分析、学習者の参加と意欲を中心とすること、学習者と教師の協働的関係という理念、完璧をねらう抽象的目標ではなく現状の力量に合わせてコースを調整することなどである。
　言語学習に関するこのような立場においては、言語学習は単に言語的能力、つまり文法、語彙、発音を学ぶだけの問題ではないことは明らかである。

**言語能力**
　CEFR は、言語使用と言語学習を言語能力に基づくものとして記述しており、言語能力を全体的、複言語的、複文化的観点から論じている。

> 特定の個人が持つ意思伝達のための言語能力は、個別でバラバラに分かれたものではなく、身に付けた言語すべてを包含する複言語的、複文化的能力であると考える。(CEFR 2001: 168)

しかし、個人の言語能力はすべて部分的である。

> どんなにそれが「母語」つまり「生得の言語」のようであっても、言語の知識は常に部分的で不完全なものである。普通の人の言語能力が仮想上の「理想の母語話者」のように完璧なものになることはありえない。(CEFR 2001: 169)

　特定の目的のための部分的能力の習得は、その目的だけに限定されるものではないと CEFR は主張する。なぜならば、ほかの知識と技能が同時に習得されて、その結果、ほかのこともできるようになるからである。CEFR

## 第1章 背　景

はまた、次のようにも主張する。

> 自分では気付かないかもしれないが、ひとつの言語を学習した人はそのほかの多数の言語についても多くの知識を持っている。一般的に言って、さらに別の言語を学習するとこのような知識が活性化され、意識が高まる。こうしたことは無視して避けて通るのでなく、考慮すべきことである。(CEFR 2001: 170)

次の2つの立場は教師が意識するべき重要な考えである。

1. 使用可能な全言語と全能力を含む「個人に固有な能力」という考えは、「言語を学ぶこと」のための方略と能力の育成をもっと重視すべきであるという考えを正当化する。なぜならば、学習者はそれらの能力をほかの言語を学習したり習得したりするために活用できるからである。そのように考えれば、学習者も教師も、学習された特定の言語がその学習者のほかの言語知識全体にどのように関連するかを考えることの有用性に気付くことになる。教師は、初期の学習者はゼロから出発すると考えるが、実際にはほとんどの人がほかの言語の学習経験を持つのであり、新しい言語の学習に有効に転用できる技能と知識を持っているのである。
2. 部分的能力という考え方を取ることにより、学習目標を学習者と話し合って決めることの必要性と、すべての人が言語全体を学ぼうとしなくてもよいという事実が説得力のあるものになっている。言語の学習は「オール・オア・ナッシング」の作業ではないのである。CEFR の中の様々な記述文尺度は部分的能力を記述したものであり、教師が学習者と学習目標を話し合うための参考資料として使うことができる。これは学習者が学習したいことと学習する必要がないことを特定する作業である。

言語教師が教えるべきことは、言語に限定的なものではなくより広いものだということを、CEFR は効果的に気付かせてくれる。CEFR を見れば、言語学習に関わる次のような多様で幅広い能力について理解が可能になる。

• 語用論的能力：内容伝達に関する原理についての言語使用者・学習者の

知識、つまり伝達内容を
——組織化し、構造化し、配列する原理（「談話能力」）
——意思伝達機能の達成のために用いる原理（「機能的能力」）
——コミュニケーションが生起する仕方についての言語使用者の内的モデルにしたがって順序立てる原理（「設計能力」）
- 社会言語的能力：言語使用における社会的領域に対処するのに必要な知識と技能
- 異文化能力：学習者の世界と目標言語使用者の世界の関係についての知識、認識、理解
- 戦略的能力：コミュニケーションの過程を認識し、コミュニケーションを「やり遂げる」こと
- 実存的能力：学習者の個性の特徴、意欲、態度、信念など

■ レベルとは何か：レベルの記述、標準化は可能か

　CEFR の核は共通参照尺度である（本書巻末の参照文書 1、または Council of Europe 2001: p. 24 以降を参照）。これはしばしば全体的尺度と呼ばれて、特定の領域ごとの記述尺度とは区別される。
　この尺度は CEFR の中のほかの尺度と同様、いくつかの重要な特徴を持つ。

- 尺度の記述はすべて肯定的であり、「下位レベル」の言語学習にも価値と重要性があることを明示しようとしている。A1 レベルの最後の文は「人々があまり速く話すと理解できない」とも表現できたであろうが、意思疎通を可能とするような支持文を記述することで肯定的に表現されている——「もし相手がゆっくりと明瞭に話し、いつでも助け舟を出すならば」と。
- 伝統的に、言語使用は「聞くこと」「読むこと」「書くこと」「話すこと」の 4 つの技能について記述されているが、CEFR の全体的尺度では「受容」「産出」「やりとり」「仲介」（mediation）の分類法に基づいて記述されている。「仲介」は翻訳、通訳のほか、迂言法や単純化のような意味伝達のための手段を含む。CEFR の記述により、話し言葉による産出と話し言葉によるやりとりを区別することが可能になり、技能を個別のもの

第1章 背　　景

- 全体的尺度は自己評価表の土台でもある。自己評価表は能力記述文を「…ができる」という表現として使い、さらに記述文を拡大して3つの領域の5つの技能の言語運用力を表現する。3つの領域は「理解」（聞くことと読むこと）、「話すこと」（話し言葉によるやりとりと話し言葉による表現）、加えて「書くこと」である（本書巻末の参照文書2，またはCouncil of Europe 2001: p. 26 以降を参照）。
- レベルの記述文は互いに独立するように作られ、当然のことだが、特定の言語に関わるのではない。また、シラバスにおいて同量の時間のまとまりに分けられるようにはなっていない。例えば、A1からA2へ移行するよりB2からC1へ移行するほうが長い時間が必要である。
- レベル記述文は言語使用者の言語力を初心者から母語話者レベルまで記述することを意図していない。レベルC2は、教養ある高度の訓練された外国語学習者が使用できる、高レベルで複雑な言語の記述を含んでおり、母語話者の大部分でも身に付けていない技能を含んでいる。
- 6つのレベルに分けることは、英語学習の全体像を6つに分けることを意図したものではない。雇用主はおおざっぱに3段階のレベルを使えばよいかもしれない。学習進度を示す必要がある学校は、理論上は、レベルを必要なだけの数の下位区分に分けることができる。しかし、10または12以上のレベルを言葉で区別することは非常に難しくなる可能性がある。

**尺度の活用**

　記述文尺度は新しいものではないが、「共通尺度」の記述文はほかに比べて一層厳密に設計されている。それらはELPなどで「Can-doチェックリスト」の土台となっていて、自己評価の基礎として使われている。この尺度は多くの国の教育に多大な影響を与えたのであり、この尺度があたかもCEFRの全体であるかのように話す人がいるほどである。

　レベルはヨーロッパの様々な状況で学習目標の設定、評価、資格認定の参照用として使われている。例えば、フィンランド、イタリア、ハンガリー、フランスの学校制度で使われているし、ALTEの21組の言語テストで使われている。尺度に基づいた（あるいは、基づいているとされてい

る）コースブックが既に出版されている。このため多くのよい結果が生まれている。「中級」（intermediate）とか「上級」（advanced）という語は曖昧な用語で、状況によって様々に異なった解釈がされる。A1 から C2 までの尺度はレベル表示を一層透明性の高いものにしており、同一言語内、また複数の言語間におけるレベルの記述や比較のために、ますます使われている。

つまり、尺度を用いるための知識、コースの設計や評価に尺度を活用する能力は、すべての言語教育者にとって有益であると言える。既に多くの状況において、この尺度は「実践家のための共通言語」を提供し始めている。これが CEFR のねらいのひとつである。

## 特化された尺度

全体的共通参照尺度は、さらに特化された尺度によって補強されている。それらの記述文尺度は全部で 58 あるが、それらは参照レベルに基づいていて、カリキュラムやシラバス作成のための重要な資料・情報源である。それらの尺度の一覧と CEFR の該当ページの情報については、本書巻末の参照文書 5 を見ること。それらはコミュニケーション・スキルにより的を絞った指導のための一連の操作的手段を提供している。それらは次のように分けて記述されている。

1. コミュニケーション活動———一般的技能尺度のほか、「インタビューをすること」「インタビューを受けること」「指示文を読むこと」などのような具体的な言語使用が補強されている
2. コミュニケーション方略———例えば、「明確化を求めて質問すること」「話者交代」など
3. コミュニカティブな言語能力———言語的範囲、正確さ、社会言語的能力、柔軟さ、一貫性、話し言葉における流暢さなどの語用論的能力

全体として見ると、能力記述文はカリキュラム設計や評価のためのレベルに関する非常に重要な資料を提供している。教師やコース設計者は、自分の必要に合わせてより一層特化した尺度を開発する土台として、6 段階の尺度を使用できるのである。

第1章 背　景

■ どのように学習目標を決めるか

　目的、内容、レベルを記述する透明性のある体系は、目標と基準の設定および測定のために不可欠である。CEFRの第3章では「尺度化」と「レベル」に関する一般的な課題を取り上げ、学習者の熟達度の記述に関する論争点を検討している。さらにそこでは、異なるレベルをはっきりと区分し、学習者や他の使用者にとって理解しやすく、学習過程に積極的に寄与するレベル記述文を作成することの難しさが説明されている。

　「使用者志向の尺度」と「評価者志向の尺度」が区別されている。前者は学習者、雇用主など達成レベルを判断する人たちのためのものであり、学習者が何ができるかを示す。後者は学習者の言語使用について評価者が信頼性のある判断をするためのものである。これらのことは試験運営団体にとっては特に重要である。試験がCEFRの全体的尺度に照合され、特定されることが多くなっているからである。欧州評議会は、各試験の内容とCEFRのレベルを結びつける方法を説明するマニュアルの準備を進めている。この点の詳細については本書の5.2を参照のこと。

　能力記述文をどのように応用するかについては、言語使用と言語学習者の必要性についての広範な説明によって補強されている。ニーズ分析に特に関連のある図表が示されている（CEFR 2001: 48–49）。その図表は本書巻末の参照文書3「言語使用の外的コンテクスト」に掲載されている。これは学習者が言語をどのように使うか、どのように学習目標を設定するかを記述するための分類表である。領域——つまり、個人、公共、職業、教育の各領域——というコンセプト、および場所、組織、人、物、出来事、行動、テキストの記述的分類は、ニーズ分析の調査票を作成し、結果を確認するための枠組みを提供している。

　再び強調するが、教師にとって価値ある点は、CEFRが学習、教授、評価に関わる要素を体系的かつ広範に記述したことである。

■ 教師はどのように教授法を理論的に選択するか

　CEFRの第6章は言語の学習過程と教授過程を検討している。そこでは教授過程と教師にとって可能な選択について有益な示唆を提示している。しかし、異なる選択肢をどのようにして一貫性を持って統合するかについては強い意見を示していない。CEFRは規範的になることを避けているの

## 2. なぜCEFRは重要なのか

であるが、教師が内省したり向上したりする活動のための素材として使用することができる。

### 「誤り」と「間違い」の対処の仕方

例えば、「誤り」(errors)と「間違い」(mistakes)の問題を検討している節がある(CEFR 2001: 155)。「誤り」と「間違い」は区別して使う。「誤り」は学習者の中間言語の実例であり、学習者のその時点での能力のレベルを示す。一方、「間違い」は母語話者も犯すことがあり、学習者が自分の知識と能力を言語使用に生かせないとき、つまり、正しい用法は知っているが間違ってしまったときに起こる。

この区別は新しいものではないが、次の節で検討すべきことの土台、つまり、間違いと誤りに対して取りうる態度を提示している。あなたは、間違いと誤りについてどのように考えるか。誤りと間違いは学習の失敗の証拠なのか。あるいは、「誤りは学習者の発達過程の中間言語による必然的過渡的産物の表れ」の事例なのか。私たちはどのように誤りに対処すべきか。誤りに対する教育的対応策はいろいろと可能である。「すべての誤りも間違いも教師はその場で訂正すべきである」あるいは、「誤りはコミュニケーションの妨げになる場合にだけ訂正すべきである」「すべての誤りは、コミュニケーションの妨げにならないタイミングで言及し、訂正すべきである」などの考え方がある。幅広い選択肢の一覧は、教師が自分の経験よりより広い枠組みでこの課題を考えるきっかけを与えてくれる。ほかの節と同じように、その節の最後には一連の内省すべき点が示されている。

> CEFRの使用者は、学習者の誤りと間違いに対してどのように対処するかを検討し、適切な時期をとらえ自らの態度を述べるとよいだろう。その際、以下の誤りと間違いに対して、同じ基準を使うか異なる規準を使うかを検討する:
> ——音声上の誤りと間違い
> ——正書法の誤りと間違い
> ——語彙の誤りと間違い
> ——形態素の誤りと間違い
> ——統語上の誤りと間違い

第1章 背　景

　　――社会言語的・社会文化的誤りと間違い
　　――語用論的誤りと間違い
（CEFR 2001: 156）

**学習と習得**
　CEFRによって私たちが再認識するのは「学習」と「習得」の区別である。CEFRの執筆者は、学習過程は言語能力の学習と習得および実行力を身に付けることであると言う。

> 実行力とは、発話や文章の産出と受容において、意味の表現・理解、文脈の中で意味を解釈・交渉すること、コミュニケーション活動への参加といった目的のために、言語能力を実行に移す能力である。
> （CEFR 2001: 序論）

　CEFRでは、言語がどのようにして身に付くかに関する多様な理論を概括している。それは、言語への接触だけで十分な人間に内在する情報処理活動なのか、あるいは、その過程を促進するために、明示的な指導と学習が必要かどうかという議論、意識的学習や構造化された練習の位置づけについても議論されている。

**選択と自律**
　この部分の大きな特徴は、教師に選択肢を与えていることである。示されている指導法上の理念には新しいものはないが、そこに提示されている可能性の幅の広さが興味深く印象的である。
　このように選択肢を示していることが暗に意味する興味深い点は、教師は正しい情報に基づいて選択し、それをもとに行動する力を持つ責任ある自律した個人であることを前提としていることである。これはまさにCEFRの基盤をなす言語学習者観であり、欧州評議会の仕事の底流をなす政治的観点がここに表れている。

■ **どのような論争点が学習者の評価に含まれているか**
　多くの人が評価と資格認定の領域、特に、テスト結果の標準化と比較に

関わる点で CEFR に衝撃を受けた。しかし、このことによって、CEFR のメッセージの核心、つまり学習者中心主義を教師が見失うことがあるならば残念である。

## 自己評価

　評価の点で中心をなすのは自己評価である。自己評価表（本書巻末の参照文書 2 を参照のこと）には「私は…できる」で始まる能力記述文があり、学習者はその尺度に関連づけて自分の能力を調べることができる。自己評価表は ELP の鍵となるものであり、自己評価表の付属として開発された自己評価用チェックリストは、学習者の意欲と参加を促進する手段として効果的に使われている。スイス国立研究協議会（Swiss National Research Council）のために行なわれた研究プロジェクト（Schneider and North 2000）によれば、自己評価は信頼性が高く、教師による評価や試験結果とも高い相関があると報告されている。

## 評価をめぐる論争点

　CEFR の第 9 章では評価について論じていて、評価活動の開発に当たって考慮すべき様々な選択について詳細に検討している。そこでは、集団基準準拠評価と目標規準準拠評価の区別、達成度評価と熟達度評価の区別、形成的評価と総括的評価の区別を明確に示している。また、言語能力とコミュニケーション能力を測定するに当たっての問題点を論じた上で、それらの問題点に対する様々な考え方の実例を挙げている。このように、第 9 章は評価に関わる論争点について最適な入門書となっている。

　共通参照レベルは、言語知識、技能、達成度などについて語るための共通の語彙と共通の基準を確立する鍵となっている。したがって、共通参照枠は質を確保し質を測る重要な要素である。付録には ALTE の尺度とともに、旅行、仕事、学習のための「Can-do リスト」、また、自己評価のための DIALANG の尺度も掲載されている（本書の 5.1 を参照のこと）。

　CEFR は、言語知識と言語使用の能力の構成要素を包括的に扱うための重要な資料・情報を提供している。それらは現時点のレベルとねらいの評価、目標の特定、コースの成果の評価などのために使用できる。第 3 章と第 9 章は、言語の達成度と熟達度を効果的かつ厳密に、包括的に測定する

第1章 背　景

ための、総合的な手引書となっている。

■最　後　に

　本書のほかの章では共通参照枠の様々な具体的用途を検討している。言語教育に携わるすべての人たちにとって、CEFR の重要性は以下の3点にまとめることができると筆者は考える。

- 言語指導と言語学習について、幅広く一貫性を持った考え方をするための刺激剤として
- 学習者主体で行動中心の言語学習と言語指導の立案、実行、評価に関する豊富な情報源として
- 個人の成長、社会の一体化、寛容さを目指す言語学習の価値の政治的意見表明として

〈参考文献〉

Council of Europe. 2001. *Common European Framework of Reference for Languages: Learning, teaching, assessment.* Cambridge: Cambridge University Press. 次のサイトからダウンロードも可能 <http://www.coe.int/t/dg4/linguistic/Cadre1_en.asp>

Schneider, G. and B. North. 2000. *Fremdsprachen könnenn——was heist das? Skalen zur Beschreibung, Beurteilung und Selbsteinschätzung der fremdsprachlichen Kommunikationsfähigkeit.* Chur/Zürich: Verlag Rüeger.

〈執筆者〉

**Frank Heyworth**

EAQUALS（European Association for Quality Language Services）の事務局長。協会の審査計画の立ち上げと運営において優れた役割を果たした。ユーロセンターの元理事長。欧州評議会のプロジェクトに数多く参加した。

CEFR 用の「質の確保についての使用者の手引き」(*User Guide on Quality Assurance*) の共同執筆者の一人で、「現代語のためのヨーロッパ・センター」(European Centre for Modern Languages, Graz) のために言語教育の革新的アプローチと言語指導の質の概念について数々の研究をした。

第 2 章

## 学習者の学びを支える：ポートフォリオ、自己評価、方略の指導

# 1. ヨーロッパ言語ポートフォリオ

ピーター・レンツ（Peter Lenz）

■ 概　要

　ヨーロッパ言語ポートフォリオ（European Language Portfolio，以下 ELP と略す）とヨーロッパ言語共通参照枠（Common European Framework of Reference for Languages，以下 CEFR と略す）は、1991 年から 2001 年にかけて時を同じくして開発され、多くの点で相互に影響し合った（Lenz and Schneider 2002）。ELP と CEFR は、どちらも言語運用能力の共通参照レベルを中核的要素としている。これは、本書巻末の参照文書 1 に再掲している。

　ヨーロッパ諸国や国際機関は、様々なポートフォリオを作成してきた。作られた背景事情が多様なので、それらはかなり異なるような印象を受ける。しかし、基本的原則は同じであり、とりわけ以下の点で共通している。

- ELP を使うのは学習者である──学習者が ELP の所有者と見なされる。
- ELP は言語と（異）文化に関するあらゆる能力、あらゆる経験を記録し、それらの価値を認める。
- ELP は複言語主義と複文化主義[1]を奨励する。
- ELP は学習者の自律の促進に役立つ。

　これらの原則を実践するにあたり、ELP は学習の手引き、および報告・記録のツールという 2 つの機能を持つ。

　ELP のねらいは、既に自律している言語使用者（言語学習者も含む）の支援にとどまらない。学習者の自己評価も含め、学習者の自律を促進することも目指している。

■学習者を中心に

　学習者の自律は、1980年代以前から欧州評議会の作業部会における主要な関心事だった。この分野では、Henri Holec（自律）と Mats Oskarsson（自己評価）による文献が、その後に影響を及ぼした。「自分の学習を管理する能力」（Holec 1981: 3）という「自律」の定義は、現在もよく引用される。これは、学習者が以下のような学習のあらゆる側面ですべてを決定する責任を保持し、維持することであると Holec は言う。

- 目標を設定すること。
- 内容と経過を明確にすること。
- 用いる方法・手法を選ぶこと。
- 習得の経過を適切な言葉で観察・記録すること（規則的パターン、時間、場所など）。
- 習得したことを評価すること。

　当初、学習者の自律の擁護論は政治色が濃かったが、その後は教育原理・目標として広く受け入れられ、奨励されている。

　CEFR は、「言語学習者自身も含め、言語の分野に従事するあらゆる人々」（CEFR: xi）にとって省察の基盤であり、共通の参照資料であることを意図している。成人学習者は、教育機関において自分の学習について決定する十分な指導と機会を与えられれば、最終的に「自分自身の必要性、動機、特質、資質に照らして、目標、教材、学習の方法を選択する」（CEFR: 142）ことができ、そして CEFR を活用することで自分が持つ選択肢を把握することができると CEFR の著者たちは期待している。

CEFR を通して学習者を導く

　特定の利用者のための CEFR の手引きのひとつに「成人学習者のための手引き」がある。これはまさに、このように訓練された独立心の高い学習者集団を対象にしている（Bailly, Gremmo, and Riley 2002）。この手引きは、言語学習過程の各段階で決定するべき事項を列挙し論じ、CEFR に含まれているそれらの関連資料を示している。全6章の見出しを見ると、この手引きの大まかな内容がわかる。

第 2 章　学習者の学びを支える

　　第 1 章　ニーズ分析
　　第 2 章　理解力と表現力
　　第 3 章　勉強の計画
　　第 4 章　方法論
　　第 5 章　評価
　　第 6 章　学習スタイル

　CEFR の著者たちは、このように率先して学ぶタイプの学習者はまだまれであるという現実を理解している。それでもやはり、「ひとたび教えることが終われば、その後は自律して学ばなくてはならない」(CEFR: 141) ので、学習者の自律の育成は必須と考えている。生涯学習が現実のものならば、「学ぶことを学ぶ」ことは、言語教育と言語学習の不可欠の要素でなくてはならない (CEFR の p. 144 以降を参照)。

**ポートフォリオと学習者の自律**
　したがって、ELP の重要な目標のひとつは、学習者の自律を促進し、学習者自身のために適切な指導と手段を与えることによって、学習スキルを育成することである。もうひとつの主要な目的は、言語使用者・学習者が記録・提出しやすいフォーマットを、あらかじめ構造化された形で提供することである。そのフォーマットには、言語使用者・学習者が知っているすべての言語の能力（いかに多く、あるいはいかにわずかしか知らなくても）と、様々な接触を通して習得した、異文化知識と実際的知識が記録される。

### ■3 部構成の ELP
　本節では、ELP の 3 部構成について簡単に述べる。次節では、ELP が意図する機能を実践するために、3 つの部分がそれぞれどのような要素を含むかを詳述する。
　ELP は、言語パスポート、言語バイオグラフィー、資料集の 3 つの部分から構成しなければならない。

- 言語パスポートは、所持者の「言語アイデンティティ」と現在のコミュ

ニケーション言語能力レベルの全体像を示し、学習経験と異文化経験を集約するものである。
- 言語バイオグラフィーは、それまでの言語学習と異文化経験を記録する。そして、こうした経験からさらに成果を得るために、経験の省察を促す。また、言語運用能力を自己評価するための手段が含まれており、（さらなる）学習計画を立てることができる。
- 資料集は多様な種類の記録文書を集めたものである。その大部分は学習者自身による作品、つまり学習過程で何らかの役割を果たしたものである。ELPには、作業用資料集と報告用資料集を区別しているものもある。作業用資料集は、日々の言語学習に用いられ、学習経過を記録する。一方、報告用資料集は、具体的な例によって現在の言語運用能力レベルを明示し、場合によっては異文化知識と異文化認識の発達段階を示すこともある。

2003年末までに、おおよそ50のELPが20を超える国、地域、国際機関によって作成され、認定された。[2] これらは外観がかなり違う。子供用ELPが成人用ELPと必然的にかなり異なるという点は言うまでもない。成人レベルでも、大学生と移民ではニーズが異なるのが普通である。

しかし、対象者の特徴では説明できない相違もある。例えば、体裁（リングバインダー、小冊子、「宝箱」付き小冊子など）、書式の数と種類の幅、学習者／所有者のために書かれた指導内容の量、教師や学習者あるいは父母や雇用主など関係者を支援する資料の有無などである。

このような相違は起こり得ることで、それは認定の指針がまだ発展途上であるためである。指針は『原則と指針』（Council of Europe 2001b)[3] に書かれており、この指針に沿っていれば欧州評議会に認証されることとなる。

■ ポートフォリオの活用

前述のように、どのELPも教育的機能と記録・報告機能を持つ。これらの機能は各ELPにおいて、様々なやり方、様々な度合いで実行されている。本節では、教育的機能、報告機能を果たすべくELPの3つの部分に含まれている要素を概観する。筆者個人が関わった関係上、スイスの「青年

および成人用 ELP」（Swiss ELP 15＋）から始めよう。

**共通参照レベル**

　実質上すべての ELP では、言語パスポートの中の「自己評価表」、言語バイオグラフィーの中の自己評価用チェックリストにおいて、共通参照レベルが確認できるようになっている。多くの場合、自己評価用チェックリストはそれぞれの ELP が対象とする学習者のニーズに合わせて調整されている。一方、自己評価表（本書巻末の参照文書 2）については、認定できないほど参照レベルが改変されることを防ぐため、すべての ELP に元となる自己評価表をそのまま採用することが義務づけられている。

　子供用 ELP に自己評価表が含まれているのは、父母や教師など大人の使用者にレベルの完全な体系を示すとともに、ほかのあらゆる ELP との統一をはかるためである。

　15 歳以上対象のスイス版 ELP では、自己評価表とチェックリストの能力記述文はどちらも直接 CEFR の能力記述文（第 3 章–5 章、特に第 3 章第 2 節–4 節）に基づいている。これらの能力記述文の大部分は、14–15 歳以上の使用者が容易に理解できる言葉を使って、言語使用者が言語運用能力の様々なレベルで行なう代表的コミュニケーション・タスクを記述している。そのほか、産出された言語の質的要素やコミュニケーション方略に関する能力記述文もある。

　共通レベルを定義し明示するために CEFR で使われている 'can do' 方式は、ELP 用にわずかに修正する必要があった。'I can' 方式に書き換えられ、学習者が自己評価をしやすいように簡略化、合体、分離されたものも多い。15 歳以上対象のスイス版 ELP の A2 レベルのチェックリストから、最終版の例を挙げてみよう。

**聞くこと**

- 明瞭にゆっくり自分に向けて言ってもらえれば、簡単な日常会話を理解することができる。話し手が労をいとわなければ、教えてもらって理解できる。
- 自分の周りでゆっくり明瞭に議論が行なわれているとき、何について話しているのかたいていわかる。

- 直接的で重要度の高い事柄（例：個人や家族についてのきわめて基本的な情報、買い物、身近な地域、仕事）に関連した語句、表現を理解することができる。
- 明瞭に話された短い簡単な連絡や放送の要点をとらえることができる。
- 予測可能な日常的事柄に関する短い録音された文章で、ゆっくり明瞭に話されたものならば、主要な情報を理解することができる。
- 解説が映像を伴うならば、出来事や事故などを報道するテレビニュースの主要点が何であるかわかる。

**言語の質**
- 暗記した語句や単独で使う表現を使って、自分の言いたいことを理解してもらうことができる。
- and, but, because などの簡単な接続詞で語句をつなげることができる。
- 簡単な文構造を正確に使うことができる。
- 簡単な日常の状況に対応するのに十分な語彙を持っている。

　ここに示した「聞くこと」と「言語の質」のほか、「読むこと」「話し言葉でのやりとり」「話し言葉での表現」「書くこと」「話し言葉でのやりとりにおける方略」についても、同様に記述されている。技能とレベルについてさらに完全に理解するには、実際に ELP のチェックリストを読みながら自分自身の（いくつかの）外国語の熟達度を評価するとよい。
　ELP の各部分は、参照レベルに基づく能力記述文によって相互に関連づけられている。自己評価の結果は、他者評価の結果と同じ尺度、同じ用語で報告される。言語学習の新たな目標を何にするか具体的に明記した能力記述文を読めば、（自己）評価を目標設定や学習計画に関連づけるのは容易であろう。Little and Perclovà (2001) は『教師と教師教育者のための手引き』の中で、このような評価 − 計画サイクルを実際にどのように（学校で）実践できるか説明している。

■ 記録機能と報告機能
　ELP 開発の初期の動機は、学習者が使えるすべての言語の実際の運用能力について、公式、非公式を含め関連証拠をすべてひとつにまとめて比較

第2章　学習者の学びを支える

できる文書を作ることだった。比較可能性の問題は、当初から重要だった。公立学校、成人教育、民間企業に関係する専門家がよく直面する問題は、実際の言語運用能力に関わる資格、学位、卒業証書を解釈できないという事実だった。さらに彼らは、学校あるいは学外で習得した言語運用能力を認定するための適切な手段を持ちあわせていないと感じていた。それに加えて人口移動がさかんになり、多くの人々にとって生涯を通して言語を学ぶことが現実となっていた。その結果、透明性を持ち比較可能な尺度が、きわめて緊急に必要だったのである。

　こうした要請に応えるために、15歳以上対象のスイス版 ELP はどのような手段を提供するのだろうか。

**言語パスポート**

　報告機能をどうするかという問題は、主として標準化された A5 版小冊子「言語パスポート」という形で解決された。これは他の成人用 ELP にもすべて含まれている。主要な要素は次の 3 つである。

- 「言語技能のプロフィール」と題された見開き 2 ページ。ここに、学習者は最大 6 か国語まで自己評価の結果を記入できる。評価の観点は「聞くこと」「読むこと」「話し言葉でのやりとり」「話し言葉での表現」「書くこと」の 5 技能である。自己評価は、6 段階のヨーロッパ参照レベルに対応する形で難易度判断の基準が定められた言語運用能力の記述文に基づいて行なわれる（図 1 参照）。
- 「言語学習と異文化経験の概略」と題された見開き 4 ページ。ここに授

Langue　*Language*
Sprache　*Lingua*

図 1　言語パスポートの「言語技能のプロフィール」記入例。5つの各技能／活動（アイコン参照）の記入は自己評価に基づく。6段階の異なる言語運用能力レベルが識別されている。

業や学外における言語学習について、非常に簡潔な形で記入できる。
- 取得した資格や卒業証書を記入する見開き2ページ。学習者は、ヨーロッパ・レベルで示された試験結果を記すこともある。
- 言語パスポートを ELP に含めた機関の中には、自分たちの状況にさらに適合するよう「柔軟に」ページを加えているところがある。例えば ALTE（Association of Language Testers in Europe, ヨーロッパ言語テスト協会）は、テスト判定結果をヨーロッパの6段階尺度に基づいて解釈できる対照表を設けた。スウェーデンの高校生用 ELP には、同国の正規の学校制度における到達レベルを記載する欄が設けられた。

こうした概略を総合することで、個人の言語運用能力、言語学習体験、異文化体験の全体像が、簡潔でありながら包括的に把握できるようになっている。言語パスポート小冊子の中ごろにある表は、5技能別6段階のヨーロッパ参照レベルについて簡潔に述べ、使用者が参照できるようにしている。したがってこれを見れば、「言語技能のプロフィール」と資格一覧に示されたレベルが、実際に言語習熟度の何を意味するのかわかる。

15歳以上対象のスイス版 ELP のパスポートには、ほかにも含まれている文書があり、その意図は以下の通りである。

- 自己評価を促す。レベルに合わせた詳細な自己評価用チェックリストがある。
- 試験の透明性と比較可能性の向上に役立つ。試験に関連することを記入する書式がある。また、全体的尺度があるので、試験実施者は試験と成績のおよその位置づけをヨーロッパのレベル尺度上で知ることができる。
- 小冊子で自己申告したことを裏付ける証拠を、学習者が提供できるようにしている。「証明」を書き入れる書式が種々あり、学習者はこれを利用して、言語経験、異文化経験を証明することができる。

### 資料集と言語バイオグラフィー

学習者個人の作品を入れた資料集も、パスポートで自己申告したことを裏付ける証拠となる。またこれによって、技能とレベルの申告が実体を伴ったものになる。言語バイオグラフィーに記された言語学習経験と異文化経

験も、同様の目的にかなう。

## 成人の ELP 使用

　記録および報告手段として利用したい人にとって、すべての領域について細部まで扱ったELPは複雑すぎるかもしれない。これでちょうどよいという人もいるだろう。応募者がB2レベルのイタリア語を話し、それに該当する資格を持つことがわかれば十分という雇用主もいるだろう。一方、広範に外国語を使う能力、2, 3か国語で詳細なプレゼンテーションができる技能、数か国で長期滞在をした経験が重要と考える雇用主（またはほかの地位の人）もいるだろう。これから中学3年間を教える教師は、学習者の言語経験についてより多くを知りたいと思うだろうが、休暇中の2週間の講習の指導者は、そうでないかもしれない。したがって、ELPの報告手段は、学習者が選択的に利用する必要がある。

　2001年にELPの実施が開始されたとき、パスポート小冊子は報告のための基本手段と考えられていた。そのうち経験的に明らかになってきたのは、言語パスポートに収集された情報の中で、最も実際的な意味を持つものを1ページの概要にまとめたいと多くのELP利用者が望んでいることだった。このニーズに応えるために、欧州評議会は編集可能な略式パスポートをウェブからダウンロードできるよう計画している。

## 子供の ELP 使用

　子供について報告する必要性は、既に仕事を持つ、あるいはこれから就職しようとする成人とは通常かなり異なる。雇用というさらに広い領域で、CEFRで定義された共通参照レベルが果たす役割はきわめて重要である。なぜなら、現在の技能を透明性の高い方法で明らかにし、それにより比較可能にするからである。小さい子供の場合、個人の言語運用能力を、成人用に開発された一般的なレベル・システムと関連づけることは意味がないかもしれない。というより、望ましくないと言ってよいだろう。

　しかし、もし子供用に書き換えるのであれば、技能と達成度を透明性の高い方法で報告することは、例えば目標を父母やほかの教師たちに伝える際などに非常に有益であろう。学習者ができる、あるいはできるとよい言語活動の能力記述文を見せることによって、教室でタスク中心の指導を奨

1. ヨーロッパ言語ポートフォリオ

励することになるかもしれない。そうすれば、これらの記述がCEFRの尺度化された能力記述文にたとえ対応していなくても、教育的価値を持つだろう。『教師と教師教育者のための手引き』（Little and Perclovà 2001）は、学校におけるELPの教育的活用について、さらに詳しく考察している。

11歳以下の子供を対象としたレベル・システムを定めるべきなのか、だとすればそれはどのようなものになるかという問題は、向こう数年の協議事項になるだろう。

■ 教育的機能

ELPの3つの部分は、いろいろな点で教育的機能を持つと考えられるが、実際に教育的側面を重点的に扱うのは言語バイオグラフィーである。主なねらいは3つある。

- 学習者の言語接触、異文化接触を奨励する。
- さらに効果的に言語を学習するよう、学習者に動機を与える。
- 言語学習経験や異文化経験について学習者が省察し、効果的に計画を立て、ひいては自己管理能力を高めて自律した学習者になるよう支援する。

現在のポートフォリオの言語バイオグラフィーには、以下の要素が部分的に、あるいは全面的に取り入れられている。

- 個人のこれまでの言語学習経験、社会文化経験、異文化経験に関する多少詳しい記述。
- 言語運用能力の自己評価用チェックリスト、共通参照レベルに関連づけた目標設定。
- 言語学習経験と異文化接触経験を省察できるようにするツール。
- 経験学習を促進したり、あるいは効果的な作業や学習の方法を紹介したりするツールで、多くの場合省察の上に成り立つもの。
- 計画するためのツール、例えば学習や言語接触の機会を一覧にしたもの、言語学習の目標一覧、個人が計画するためのワークシート。

具体例として、15歳以上対象のスイス版ELPの言語バイオグラフィー

41

には、次の要素が含まれている。

- 個人の言語学習バイオグラフィー──学習者が自分の言語学習経験と異文化経験を時系列に概観したものを提示できるワークシート。学習者は自由に自分の複言語・複文化能力の発達の全体像を示すことができる。あるいは、学んだ言語それぞれについて個別に言語学習履歴を書こうと決めるのも自由である。
- 自己評価用チェックリスト──チェックリストに示される言語運用能力の詳細な記述は、ある時点の自己評価と他者評価のために使われるだけではない。学習過程を通して学習者を導き、学習者が目標を見極め設定し、学習を継続的に評価するためにも使われる。言語運用能力を示す記述文は、学習者の必要性に応じて、例えば特定目的の言語学習において、補足される場合もある。
- 重要な言語経験や異文化経験に関する情報──重要な経験について学習者がさらに深く記述することを推奨するワークシート。例えば他言語話者との接触、他言語の文化背景に関する学習、読書、プロジェクト学習といった経験のことである。
- 学校での外国語教育と言語科目に関する情報──教科課程としての言語教育、言語学習に関する側面を記述する書式。主に教師、語学学校、その他の教育機関が使うことを意図している。
- 自分の目標──目標を設定し、言語学習計画を作成するのに役立つワークシート。指導を受けながら自習する環境では、このワークシートが学習契約の形をとる。

### 様々な判型

　15歳以上対象のスイス版 ELP の著者たちは、言語バイオグラフィーの書式のほとんどに自由形式を選んだ。導入部に省察への助言があり、次に通常白紙が続き、学習者はそこに自分に関する記述、結果、計画を書く。

　北ライン-ウェストファリア（ドイツ）の中学生用 ELP では、スイス版で白紙になっている部分に指示と助言が書かれ、補足としてそれに対応する具体例や案が付録にリストされている。この設計は、例えば言語技能を自己評価したり言語接触を計画したりするために使われる。

ほかに、例えばアイルランド版のように、学習者がどのような情報をどのくらい書くことを期待されているのか、あらかじめ詳細に構造化した形式もあり、これらは幅広い目的で使われている。こうしたELPでは、例えば言語や異文化との接触で観察したことを一覧表にして省察し、コミュニケーション方略について反省し、詳細な学習計画を設計することが学習者に求められている。

ほかには見られない特徴を重視するELPもある。言語学専攻の学生用ロシア語ELPには、教師が教室で使う言語に関する能力記述文がある。ELC（European Language Council）ポートフォリオのチェックリストと省察の書式は、ヨーロッパの人的交流計画の一環として他国で高等教育を受ける準備のために使われる。この点は、ロンバルディア版ELPの学習者向けアンケートを見るとわかるだろう。

■ 個人を超える効果

ELPは言語使用者／学習者個人の手引きとして設計されている。しかし、ELPや参照レベルが広く認知されていない地域（あるいは社会的領域）では、報告ツールとしての価値はささやかなものにとどまる。だが、ELPの使用が決定的なレベルに達すれば、有益な学習の手引きとなるだけでなく、教育計画、教育実践に変化をもたらすこともあるだろう。

自明のことであるが、ELPは多くの点で完全に独創的であるとは言えない。ELPの強みは、言語学習者に焦点を当てることによって現在の動向をひとくくりにし、それを強固にすることだと言えるだろう。その動向とは、例えば以下のものである。

- 複言語能力・複文化能力の育成と認識
- 他の教師や他教科との協調（他の外国語、他教科のイマージョン教育）
- 2か国語教育
- 学校外の言語学習
- 認知度が低くあまり教えられていない言語を認めること
- タスク中心の学習、教育、評価
- 自己管理学習
- 自己評価

・生涯学習
・結果中心のシラバス計画など

ELP は「現状を覆すほどの」可能性を持ち、現在の慣習を広範囲にわたり変化させるかもしれないので、これを宝箱と思う人々もいれば、トロイの馬と思う人々もいる。どのような結果になろうと、ELP は言語の分野に従事する多くの人々の関心を高めるということを、スイスの経験が示している。

〈注〉
1. ［訳注］原文は plurilingualism and multiculturalism であるが、現在の plurilingualism and pluriculturalism に相当すると解釈し、「複言語・多文化主義」ではなく「複言語・複文化主義」とした。CEFR 試作版（1994）において plurilingue と multilingue の相違は必ずしも鮮明ではなかった（西山教行（2010）「複言語・複文化主義の形成と展開」細川英雄・西山教行（編）『複言語・複文化主義とは何か』（pp. 22–34）くろしお出版）。
2. ［訳注］2001 年から 2010 年の間に、欧州評議会は 118 の ELP を認証している（http://www.coe.int/t/dg4/education/elp/elp-reg/accredited_models/accredited_elp_2010_EN.asp より 2012 年 10 月 24 日検索）。
3. ［訳注］2004 年 6 月に改訂版が公表されている。

〈参考文献〉
Bailly, S., M-J. Gremmo, and P. Riley. 2002. 'Guide for Adult Learners' in Council of Europe (ed.). *Common European Framework of Reference for Languages, Learning, teaching, assessment. A Guide for Users*: 47–71. Strasbourg: Council of Europe.
Holec, H. 1981. *Autonomy and Foreign Language Learning*. Oxford: Pergamon.
Council of Europe. 2001a. *Common European Framework of Reference for Languages: Learning, teaching, assessment*. Cambridge: Cambridge University Press.

Council of Europe. 2001b. *Principles and Guidelines*. Online: http://www.coe.int/t/dg4/education/elp/ELP-REG/Default_EN.asp ＞ Key reference documents（2013年2月現在、注釈付きの第二版が入手可能）.

Lenz, P. and G. Schneider. 2002. 'Developing the Swiss Model of the European Language Portfolio' in *Common European Framework of Reference for Languages: Learning, teaching, assessment. Case Studies*: 68–86. Strasbourg: Council of Europe.

Little, D. and R. Perclová. 2001. *Guide of Teachers and Teacher Trainers*. Strasbourg: Council of Europe.

Oskarsson, M. 1978. *Approaches to Self-Assessment in Foreign Language Learning*. Strasbourg: Council of Europe.

Schneider, G., B. North, L. Koch, Swiss Conference of Cantonal Ministers of Education.（ed.）. 2001. *European Language Portfolio for Young People and Adults*. Bern: Schulverlag blmv.

〈執筆者〉
**Peter Lenz**
スイス、フリブール大学講師（外国語としてのドイツ語）。『ELP開発者ガイド』の共著者。欧州評議会ELP認定委員会委員。スイス教育州代表者会議ELP運営委員会委員。

## 2. CEFR を用いて学び方を学ぶ

ルチアーノ・マリアーニ（Luciano Mariani）

■ 概　　要

　過去数十年間、学びのとらえ方が徐々に変化している。それは言語学習においても同様である。単なる固定的な知識の積み上げにとどまらず、個々の学習者のニーズに合わせ、また知識を使う文脈の必要性に合わせて獲得した知識を変容させ、修正し、更新する能力であると考えられるようになっている。

　学びのとらえ方が変化した要因は様々だが、何よりも科学技術の進歩により知識自体が急速に変化し、それに伴い労働市場や社会全般において、知識を柔軟に使う必要性が高まったという点が挙げられる（European Communities 1995; Council of Europe 2000）。

　絶えず変化し続ける社会において、自分の資質を多様に使う能力は、学校での公教育だけでなく、さらには職業経験、個人的経験から生じる非公的学びにおける重要な特徴であると、次第に考えられるようになっている。ときには、若い頃に養い習得したのとは異なる方法、予測しなかった方法で、自分の資質を使うこともある。つまり、学びはもはや人生初期だけに関わるものではなく、生涯を通して順応し変化する能力も含むのである。生涯学習とは、学びにとどまらず、学び方を学ぶことも意味する（生涯学習および関連する諸問題の文献総覧は Eurydice（2000）を参照）。

■ CEFR における学びの能力

　CEFR（2001）第5章第1節では、「学ぶ力」（'savoir-apprendre' または「学び方を知っていること」という言い方もしている）は、言語使用者・言語学習者の一般的能力の一部であるという認識を示している。

　　最も一般的な意味において、'savoir-apprendre' は新しい経験を観察し

それに参加する力であり、また、必要に応じて既存の知識を修正しながら、新しい経験を既存の知識に統合する能力である。（CEFR 2001: 106）

**言語を学ぶことを学ぶ**

　学ぶ力はあらゆる学習に関係する一般的な能力であるから、言語使用者・言語学習者のコミュニケーション能力の一部ではない。しかしCEFRは学ぶ力を、言語学習に直接関係する4領域に分けている。

1. 言語とコミュニケーションの認識。すなわち、言語とは何か、言語はどのように機能し、どのように使われるか、どのように言語を学び、教えるのかを認識すること。
2. 一般的な音声の認識と技能。すなわち音を聞き分け、明瞭に発音できること（特定の言語の音声ではなく、一般的技能として）。
3. 学習スキル。すなわち教育環境で与えられる学習の機会を利用できること。これは、認知能力から社会的能力、より一般的な心理的特徴までを含む、非常に幅広い能力である。認知能力とは、例えば注意力の持続、タスクの意図の把握、コミュニケーションを観察したりそれに参加したりして言語能力の幅を広げるといったこと。社会的能力とは、例えばクラスで協力することなど。一般的な心理的特徴とは、例えば自分の長所や短所に気づくこと、自分の目標を定めること、方略をうまく使えるようにすること、自習あるいは自己管理学習の機会を活用すること。
4. 発見的学習技能。すなわち高次の認知操作によって新しい経験を利用できること（分析、推測、記憶など）。また、新しい情報を見つけて利用できる能力（ICTの利用など）。

　このようにCEFRは、学習能力は非常に一般的な能力であり、これから学ぶ言語であれ、初めて出会う人々や文化の問題であれ、新しい課題に直面できる能力に着目したものであると述べている。同時に、学習能力はもっと具体的な構成要素に分解することもできる。
　一般的な音声能力は、どちらかといえば言語能力の特定の側面のように思える。これを別にすれば、残りの3領域は人間の一般的能力の非常に広

範な部分を指している。したがって、CEFR から浮かびあがる「学び方を学ぶ」全体像は、次の3つの分野を（緊密に関係しているけれども）含んでいると言えるだろう。

- 広範な技能を発達させること。
- 学習過程について知ること。
- 学習経験そのものに対する自分の信念や態度を自覚すること。

**複雑さ**

　これは非常に複雑な全体像であるが、今日の（言語）学習者が直面するおそらく最大の難題に関わること、すなわち学ぶことを学ぶ能力を完全に把握するには、この複雑さを保持し、その価値を認める必要がある。CEFR 第5章第1節を見ると、この能力は4つの構成要素に分類した一般的能力の最後に位置づけられているが、他の3要素を包含していることはすぐにわかる。つまり、技能と実務知識（'savoir-faire' つまり物事のやり方を心得ていること）、宣言的知識（'savoir' つまり物事を知っていること）、実存的能力（'savoir-être' つまりどのように存在すべきか知っていること）にまたがっているのである。

　本稿の残りの部分では次の問題を検討する。

- どのようにして、上で確認した3分野をよりよく認識し、詳しく説明できるか。
- 学び方を学ぶという問題をさらに詳しく検討することは、言語教育・言語学習にとって何を意味するか。

■ **技能の育成として学び方を学ぶ**

　「学習能力」の一部として CEFR が示す技能一覧は、参考資料を使うといった伝統的な技能（辞書や文法書の使用など）や、視聴覚教材やコンピュータを使う最新の技能を含んでいるが、もっと要求度の高い認知操作や知的作用に重点が置かれていることは明らかである。CEFR の言う実際的な例は、ほかに次のようなものがあるだろう。

2. CEFRを用いて学び方を学ぶ

- 未知語がどのような意味か見当をつけるために推測すること。もっと広く言えば、文脈上の手がかりや背景情報を使いながら自分の知識に欠けるものを補って、書かれた文章や口頭のやりとりの意味を推測すること。
- 言語インプットの特定の部分に選択的に注意を向けること。また、インプットの中の新しいものに「気づき」、それを既存の言語知識に加えて、観察や経験から学ぶこと。
- 帰納的アプローチを用いて、言語使用の例を比較し、適切に一般化し、言語規則を編み出すこと。
- 意味のあるまとまりやカテゴリーに分類するなど、様々な手法を用いて、言語や文化に関することを記憶すること。

**メタ認知技能**

　しかし、同じ技能リストが、メタ認知操作、すなわち学びの省察(したがって学びの意識化)と呼ばれるものも包含する。省察の過程は、計画、経過観察、言語体験の評価などに必要なあらゆる操作に及ぶ。以下はその具体例である。

- 言語学習の中で自分にとって必要なことを明確にし、目標を設定すること。
- 長期、中期、短期目標を選択すること。例えばある期限までに到達したい能力レベルを決めることや、ある週に教科書の中のどの練習問題をするか計画することなど。
- 目標を達成するために最も適切な情報・資源(教材、活動、機会)を選ぶこと。
- 言語を使い学ぶ過程で、問題点を認識すること。例えば、聞いたり読んだりしながら理解確認のために自問する、口頭のやりとりにおいて、自分の意図が理解されたかどうか確認する、書いたものを自己管理するために自己評価表を使う、ということによって問題認識ができる。
- 結果、つまり学習の成果物と、学習経験における方法と手段、つまり学習過程をともに自己評価すること。興味深いことに、CEFRは学習能力の構成要素として自己評価にはっきりと言及することはしていない。

第 2 章　学習者の学びを支える

**技能か方略か**

　学び方を学ぶ「技能」として前述した例の多くは、外国語教育の文献や教科書では「方略」と呼ぶことが多い。したがって、認知方略、メタ認知方略、社会的方略、情意的方略、補償方略、コミュニケーション方略について話題にするとき、教師や学習者は、学び方を学ぶアプローチの一部として扱うことが多いのである。CEFR 自体、このいささか混乱した様相を認めつつ、この問題に明確な解釈も与えることも、この問題を考える別の方法を提示することも意図していない。

> 「方略」という語は、いろいろな意味で使われている。ここで意味するのは、効果を最大限にするために一連の行動をとることである。（CEFR 2001: 57）

　方略をやや「ゆるやかに」定義することによって、CEFR はこの用語に複数の意味を受け入れ、それぞれの使われ方を容認している。方略は言語使用者・学習者の一般的能力やコミュニケーション能力の一部ではなく、コミュニケーション言語活動において、言語を使用する文脈で作用するものと CEFR はとらえている。

> 方略は、言語使用者が問題処理能力を総動員して調整し、技能や手順を作動させるのに活用する手段である。その目的は、文脈の中でコミュニケーションに必要なことを満たし、自分の明確な目的に応じて、できるかぎり包括的、経済的なやり方により、タスクを首尾よく遂行することである。（CEFR 2001: 57）

　これが意味するのは、方略とは学習者の能力とコミュニケーションの場面が要求するものをつなぐ架け橋のようなものと考えられていることである。つまり、方略は明らかに学習者個人の知識と実務的能力によるものであるが、実際のコミュニケーション活動という文脈の中でのみ必要となるのであり、とりわけ学習者がいつもどおりの行動では解決できない問題を経験した場合に限られるのである。

　このように方略は、単なる戦術、手法、あるいは学習の「秘訣」よりも

高次元にあるように思える。なぜなら多くの場合、認知的、社会的、情意的領域において、高次の複雑な操作や、ある程度意識した選択を行なうことを意味するからである (Cohen 1998; Kasper and Kellerman 1997)。

**CEFR における方略**

　CEFR において方略の例を見つけるには、第 4 章第 4 節のコミュニケーション言語活動の一覧表と能力記述文を見る必要がある。ここに学習者の能力とコミュニケーション活動が扱われている。これにより 2 つの概念を直接結ぶことができる。以下はその例である。

- 口頭および筆記での産出 (スピーキングとライティング) において、学習者はタスクあるいは伝えたい意図を、今の自分の実際の能力に合わせて調整しなければならないと気づくことがある。例えば、手紙ではなく葉書を書くことにする、一続きの談話を短縮または簡略化する、自分の考えや感情を詳細に明確に記述するのではなく一般的な表現で満足する、という場合もあるだろう。ジェスチャーや顔の表情を使ったり、上位語を使ったり (「ゼラニウム」ではなく「花」)、人やものを表すときに正確な語を使わず定義したり説明したりする (「人の髪を切る人」「空気を冷やしておくために使う機械」) ことによって、自分の言語能力、コミュニケーション能力の足りない部分を補う方法を見つける必要があるだろう。
- 聴覚および視覚による理解 (リスニングとリーディング) においても、学習者は自分の能力の足りない部分を補う必要があるだろう。例えば、未知語の意味を推測するために、文章の全体的な意味や、話題について知っていることをヒントにすることがあるだろう。複雑な文章を聞いたり読んだりするための明確な目的を設定するために、特定の細部や主要点に注意を集中することもあるだろう。文章を読むときに定期的に間隔をおいて中断し、自分の仮説を確認することがあるだろうし、後の段落に含まれる情報に照らして、仮説を修正する場合もあるかもしれない。
- 音声や文字を通したやりとりにおいて、学習者は明確化を要求する必要があるだろう。例えば、わかりませんと言うだけの場合もあるだろうし、繰り返してくれるように、あるいはもっとゆっくり話してくれるように

頼むこともあるだろう。聞いたばかりのことを繰り返して対話者の確認を得る、何かをどう言うのか尋ねる、理解してもらえたか尋ねる、ということもあるだろう。学習者はまた、会話に興味を示し、相手に話すよう促し、つなぎ言葉や定型表現を使って時間を稼ぎ、やりとりを続けるなどして、「会話を続ける」のに寄与することもある。

CEFR は、方略の理論的枠組みと、各コミュニケーション言語活動に必要な一般的方略のカテゴリー一覧を示しているが、カテゴリーごとに様々な例を示すことはしていない。おそらくこれは、CEFR の 6 段階 (A1 から C2) ごとに方略の例示的尺度を示すことが (不可能でないにしても) 非常に困難な課題であることに、疑いの余地がないからであろう。例えば「明確化を要求する」という方略を考えるとき、具体的にどのような方略が B1 ではなく A2 の学習者に典型的であると言えるのかは、非常に難しい。

しかしながら「方略」の概念が非常に有益であることは明らかであり、現在使える詳細な例示的尺度はわずかであるが、学び方を学ぶ学習計画の一部に「方略」を継続して取り込むことは、確かに役立つ。言語学習・言語教育において方略の果たす役割が指導者と学習者の双方に明らかにされる限り、方略を探求し、見つけ、使うよう学習者に奨励することは理にかなっている。それは、特定のタスクの特定の問題を解決するという短期的効果のためだけでなく、言語学習経験において責任を持ち自律した学習者に育てるという長期的、一般的な目的のためでもある (Weaver and Cohen 1997; Uhl Chamot et al. 1999)。

### ■ 情報を獲得し、態度を自覚するために、学び方を学ぶ

技能と方略は、様々な宣言的知識と緊密に統合している。宣言的知識は学ぶ能力全体に直接影響を与えるものであり、CEFR は次のような例を示している。

> ある語形変化にどの形態的統語的関係が対応しているかという知識や...ある文化における食事や性に関する慣習に、タブーや特別な儀式があるかもしれないという認識 (CEFR 2001: 12)

## 言語学習について知ること

しかし、学習者が学んで意識するようになれば役立つ情報は、前述した例のような世界知識や社会文化的知識に限らない。とりわけ、学習者自身の言語学習過程に直接関連する分野においてはそうである。以下はその例である。

- 言語、コミュニケーション、文化の本質。例: 言語とは何か。形式体系として、コミュニケーションのための社会的ツールとして、文化的意味を伝達する手段として、言語はどのように使用されるか。
- 言語学習、言語教育。例: 言語はどのように学び、教えることができるか。何が学習過程や教育過程を促進するのか。この点において、学習者と教師はどのような役割を果たすとよいか。
- 言語学習者の認知的、社会的、情意的側面。例: 個人の態度、好み、性格因子、学習スタイル、動機は、学習経験にどのような影響を及ぼすか。
- 言語学習および言語使用において行なうタスクの特徴。例: あるタスクを達成するのに必要な知識と能力は何か。どのような手順を踏めばよいか。どの程度の難易度が予測できるか。起こりうる問題をどのように解決できるか。

CEFR は、以上の知識の分野をこのような形で挙げることはしていないが、学習者の「実存的能力」の例として明確に言及されているものもある。「実存的能力」は、次のように定義されている。

> 個性、人格的特徴、態度を総合したもの。態度とは、自己イメージ、他者のとらえ方、社会的やりとりにおいて他者と関わろうとする意志に関する態度のことである。(CEFR 2001: 11)

繰り返すが、CEFR が特定する様々な一般的能力は重複することが多い。とりわけ(言語学習者としての独自性を含む)個人の独自性のような、一般的で包括的な概念はそうである。

第2章　学習者の学びを支える

**信念と態度**

　CEFR は、信念と態度を実存的能力の例としてあっさり扱っているが、これらは意思決定に作用する基本的要因であるから、特別に考慮する意義がある。

　以上に挙げた知識の様々な分野について、学習者が何を考えどのように感じるかは、実際の言語学習・言語使用において非常に重要である。つまり、言語学習経験に関して学習者が行なう決定や行動にかなり影響する要因として、学習者の内部にカリキュラムや学習計画があるのである。また、言語、学習、学習過程で学習者が果たす役割に関する、無意識でまず探究されることのない概念も、影響を及ぼすのである（Wenden 1986, 1991; Woods 1996）。

　例えば、B1 レベルの読解の能力記述文「なじみのある話題に関してわかりやすく書かれた新聞記事の重要な点を理解することができる」というコミュニケーション活動を行なうのに、何が関与するか考えてみよう。多くの教師は、この活動に関わる技能はスキミング、つまり骨子や主要点を読みとることだと思うだろう。学習者がこのコミュニケーション活動に関連する学ぶ能力を身につけたい、あるいは使いたいと思った場合、何を知り、何ができ、どのような準備をする必要があるだろうか。

　既に当てにできる現在の言語コミュニケーション能力のレベルによって、学習者は方略を必要とするかもしれない。例えば「なじみのない語の意味を文脈から特定する」ため、あるいは「時折出会う未知語の意味を推測し、文の意味を導き出す」ための方略などである。これらは、CEFR が唯一示している受容的言語活動の方略のための例示的尺度において明示的に挙げられている方略のうちの2つである（CEFR 2001: 72）。

　しかし、このようなリーディング・タスクに役立つ様々な方略を、学習者は実際に使う（そして教師は実際に教える）。例えば、記事の見出しや小見出しに注目する、単語が太字やイタリックで印刷されているというような特徴を考慮する、読んでいる文章の種類の特徴を想起する、写真やキャプションがあれば吟味する、主題について知っていることをリストアップする、といった方略である。

## 2. CEFRを用いて学び方を学ぶ

**個人差**

しかし、こうした方略がすべて、学習者にあまねく同様に役立つというわけではない。実際に役立つのは、学習者個人の学習の嗜好、とりわけ認知スタイルに対応できる範囲に限られる。例えば、「包括的、直観的、行きあたりばったりの」学習者にとって、スキミング（包括的な理解活動）というタスクは比較的容易であり、ほとんど困難を感じず、方略を使う必要性も少ないだろう。一方、「分析的、継続的、体系的」学習者にとっては困難が多く、したがって適切な方略を、終始一貫、明確に意識して使うほうがいいかもしれない。

同じように、視覚型の人は聴覚型の人よりも、文章の文字の特徴やレイアウトをうまく活用するだろう。つまり、コミュニケーション活動に作用する要因（この場合は、CEFRが実存的能力として言及している認知スタイル）を知り、自分の学習の嗜好を認識していれば、タスクの遂行方法や、関連する学習能力の育成および/または使用に、直接の効果があると言える。

しかし、このリーディング・タスクにおける方略使用に影響するものはほかにもある。それは、学習者にとっての「リーディング」の意味づけや態度（あるいは情意、動機づけによる反応）であり、両者は密接な関わりを持つ。

前述した多くの方略を使用するということは、学習者はともかくもあることを信じている（あるいは少なくとも「疑惑を保留している」）ということを意味する。それは、例えば文章の種類や読む目的によって読み方が多様であること、目的によっては単語を逐一理解する必要はないということ、先行知識や経験から導いた情報は、文章自体に書いてある情報と同様に重要であること、といった考えである。そして、このすべてに関連して、妥当な範囲であえて危険を冒そうと学習者が「感じる」ことも必要である。それはすなわち、曖昧さに耐える覚悟、文章中の語や文のいくつか、ひょっとしたらその多くを理解できないことに伴う心配に耐える覚悟があるということである。

繰り返すが、学習に関して学習者が持つ信念と態度（CEFRで言う「実存的能力」）を認識すること、（言語）学習者としての個人的特徴を認識することは、学習者が学ぶ能力をどのように育成し使用するかに大きく作用する。

## ■学習と教育への影響

　CEFRは言語学習・言語教育の特定のアプローチを推奨するものではなく、学習者と教師が情報に基づく選択ができるような参照枠を提供することをねらいとしている。例えばCEFRは、実存的能力の扱いについて、次のように多種多様な選択肢を述べている。

　　a. 学習者個人に関わるものとして無視してよい。
　　b. 学習過程を計画し、経過観察をするときに考慮する。
　　c. 学習計画の目標として取り入れる。（CEFR 2001: 149）

　同様に、学習スキル、発見技能、学習に責任を持つことなどの分野も多様な扱い方が可能だと明言している。それは、「特に計画したり準備したりしなくても、言語学習・言語教育から得られる単なる『副次的効果』と考えること」から、「学習者に自分自身の認知スタイルを認識させ、それに応じて自分自身の学習方略を持つようにさせること」まで多岐にわたる（CEFR 2001: 149）。

　したがってCEFRは、一連の選択肢から使用者が自由に方法を選べるようにすることによって、方略の育成、情報の獲得、信念や態度の認識など、学習能力の重要な構成要素として挙げた分野において、明確に系統的に行動することを直接奨励はしていないと言えるだろう。しかし忘れてはいけないのは、欧州評議会が長年、学習者の自律の促進と、学び方を学ぶための指導を重視してきた点である。実際、CEFRはほかの箇所で、学習能力の育成を通して自律を促進することの有用性、というよりも必要性を明示している。

　　　「学び方を学ぶ」ことが言語学習と不可分であると考え、学習者が自
　　　分の学習の仕方、利用できる選択肢、自分に最も適合する選択肢につ
　　　いて徐々に認識するようになれば、自律学習を育成することができる。
　　　（CEFR 2001: 141）

## ■学び方を学ぶことを指導計画の一環とすること

　こうした見解を踏まえると、学習能力を育成することによって生徒の資

質を伸ばすという問題を、実践法は多様な形をとるにしても、指導計画の一部にするべきだという主張は理にかなっている。実際に過去数十年、教師の実践や教材の中で、生徒が学習能力の諸相を扱う機会が増えている。こうした機会は、大まかに言えば2つの異なる方法論的アプローチに属すると考えられる。

〈個別アプローチ〉
　このアプローチでは、1つまたはそれ以上の分野が比較的独立して扱われる。このアプローチの具体例は以下の通りである。

- 主な語学講座と並行して行なわれる学習スキルのコース
- 辞書の使用、ノート取り、インターネット上の情報検索など、特定の技能や方略を扱う教材
- 学習スタイル、学習方略、多重知性に関するアンケート
- 教材や教授法に関する意見を生徒が表現したり共有したりするための調査や面談
- 「言語認識」プロジェクト
- 生徒（と教師）が言語学習のニーズ、信念、態度、動機への認識を高めることをねらいとした活動。学習過程や教科書の冒頭でよく行なわれる。

〈総合的アプローチ〉
　このアプローチでは、学習能力の様々な構成要素が、学習者の言語学習経験全体に織り込まれる。そのため、省察や認識が学習タスクに組み込まれている。その結果、タスクそのものは、方略の育成、情報の獲得、態度の発見のための「原料」とみなされる。このアプローチは、明示的、経験的、評価的で言語学習に埋め込まれていることが多い。というのは、生徒は自分が行動する文脈において、方略・信念・態度を、タスクの計画・実行・評価と一体化して考えるよう勧められるからである。このアプローチに基づく活動例は本稿の付録に掲載した。

　2つのアプローチは相互排他的というより補完的である。そして実際、教師も教材もそれ自身の教育的文脈の特徴に応じて、この両方を幅広く用い

ることが多い。ちなみにこの柔軟性は、前述の CEFR の引用が意図する主な趣意として考えることもできるだろう。

　しかし省察と意識化の価値は、学習能力を促進する多様な方法にあるだけではない。生徒が自分の長所と短所を認識し、そうして自己調整レベルを上げ、長期的にはさらに自立した（言語）学習者として行動する力を伸ばすよう支援するところに、この価値が存在するのである。

〈参考文献〉

European Communities. 1995. *White Paper on Education and Training: Teaching and Learning――Towards the Learning Society*. Luxembourg: Office for Official Publications of the European Communities.

Eurydice. 2000. *Lifelong Learning――Thematic bibliography*. Brussels: Eurydice, the information network on education in Europe.

Council of Europe. 2000. *Lifelong Learning for Equity and Social Cohesion: A New Challenge to Higher Education: Progress Report*. Strasbourg: Council of Europe.

Cohen, A. D. 1998. *Strategies in Learning and Using a Second Language*. Harlow: Longman.

Council of Europe. 2001. *Common European Framework of Reference for Languages, Learning, teaching, assessment*. Cambridge: Cambridge University Press. 次のサイトからダウンロードも可能 <http://www.coe.int/t/dg4/linguistic/Cadre1_en.asp>

Kasper, G. and E. Kellerman.（eds.）. 1997. *Communication Strategies. Psycholinguistic and Sociolinguistic Perspectives*. Harlow: Longman.

Mariani, L. and G. Pozzo. 2002. *Stili, Strategie e Strumenti nell'Apprendimento Linguistico: Imparare a Imparare, Insegnare a Imparare*. Firenze: RCS――La Nuova Italia, Collana LEND.

Uhl Chamot, A., S. Barnhardt, P. Beard El-Dinary, and J. Rpbbins. 1999. *The Learning Strategies Handbook*. White Plains: Addison-Wesley Longman.

Weaver, S. J. and A. D. Cohen. 1997. *Strategies-Based Instruction: A Teacher-Training Manual.* Minneapolis: University of Minnesota, Center for Advanced Reserch on Language Acquisition.

Wenden, A. 1986. 'Helping language learners think about learning'. *ELT Journal* 40/I: 3–12.

Wenden, A. 1991. *Learner Strategies for Learner Autonomy.* Hemel Hempstead: Prentice-Hall.

Woods, D. 1996. *Teacher Cognition in Language Teaching.* Cambridge: Cambridge University Press.


〈執筆者〉
**Luciano Mariani**
イタリア、ミラノ市在住の指導顧問、教員教育、教材執筆のフリーランサー。学習スキル、学習スタイル、学習方略、学習者の自律に関する著書多数。ボローニャのザニケッリ出版から *Study Skills through English, Strategie per Imparare and Portfolio* を出版。学習者の教育と教師の成長に関するウェブサイトをイタリア語と英語で運営 (www.learningpaths.org)。

第2章　学習者の学びを支える

## ■付録（Mariani and Pozzo, 2002 より）

　この活動はもともと、イタリアの公立中学校で外国語として英語を学ぶ生徒（14–15歳）のために計画された。生徒の英語レベルはおよそA2であり、B1に向けた学習を始めたばかりであった。「学び方を学ぶ」経験はごくわずか、あるいはほぼゼロと言ってよく、リスニング・タスクを行なうときの不安度は著しく高かった。

　したがってこの活動では、2つの問題を扱うことを試みた。ひとつは方略トレーニング、もうひとつは、教室で行なうリスニング・タスクに対する信念と態度の意識化であり、これには情意的反応も含まれている。自分の考えや気持ちを言語化し共有させるために、「リスニング前の」短いアンケートを設計し、同時に「積極的方略」をいくつか導入した（生徒の母語、つまりイタリア語での議論をペアとクラスで行なった）。これは不安度を下げ、楽な気持ちでタスクに向かう準備をさせるのに効果的な方法であることが立証された。リスニング後、生徒が経験した問題点や方略を、教師がポスターにまとめた。続いて行なわれたリスニング・タスクの間、教師はそのポスターに意図的に言及し、情報更新を行なった。

　このようにして、生徒は方略使用を自己調整する力を次第に伸ばすとともに、リスニング・タスクへの自信も徐々に深めていった。

**タスク**

　サイモンとジュリーが個人的意見を述べている3つの短い会話を聴きなさい。各会話について、次のことを理解するよう努めなさい。

　　a. 2人が何を話しているか
　　b. 2人の意見は肯定的か否定的か
　　c. さらに詳細なコメントとして何を言っているか

**リスニング前に**

　英語の授業で会話を聴くときに生徒がすることを読みなさい。あなたは同じことをしますか。どれが自分にとって役立ちそうですか。選んだものにチェック（√）し、友達と比べなさい。

## 2. CEFRを用いて学び方を学ぶ

| 同じことをしますか | | 自分にとってどれが とても役立ちそうですか |
|---|---|---|
| ☐ | 一語一語、理解しようとする | ☐ |
| ☐ | 具体的に何を理解しなければならないか確認するために、指示を注意深く読む | ☐ |
| ☐ | すぐ不安になり、何も理解できないのではないかと思う | ☐ |
| ☐ | 異なった口調や背景雑音に注意を向ける | ☐ |
| ☐ | 何か聴き逃すと、そこで行きづまってしまう | ☐ |
| ☐ | 聴き続けて、理解した断片をつなぎ合せようとする | ☐ |

**リスニング後に**

次のことについて、友達や先生と話し合いなさい。

- このタスクで難しかったことはありますか。なぜ難しかったのですか。
- その困難にどのように対処しましたか。何が助けになりましたか。

第 3 章

# コース設計と教員教育におけるCEFR

# 1. CEFRと中等学校用シラバス

ジュリア・スター・ケドル（Julia Starr Keddle）

■ 概　要

　中等学校でヨーロッパ言語共通参照枠（Common European Framework of Reference for Languages, 以下 CEFR と略す）と付き合い、CEFR は 21 世紀のために不可欠なツールであると信じるに至った。しかしながら、筆者は CEFR の熱烈な支持者であると同時に批判者でもある。

　CEFR の利点として、言語の場面と機能、4 技能（特にスピーキング技能）の中で学習者が必要とする方略を新たに焦点化している点が挙げられる。また CEFR は機械的な文法学習と距離を置き、学習者言語にも焦点を当てており、コミュニカティブな言語使用練習に貢献している。CEFR の大きな強みのひとつは、それに付随するヨーロッパ言語ポートフォリオ（European Language Portfolio, 以下 ELP と略す）である。なぜなら、これは学校教育のすべての段階、さらに実社会においても、自己評価と自律、継続を助長するものだからである。

　しかし、学校での CEFR の使用には困難を伴う。CEFR は文法ベースで進歩を測定しないために、CEFR の到達指標と学習者が実際にできることとの間に壁が生じてしまう。また、CEFR は学校教育の場にある学習者には必ずしも適さず、そのために必要な調整に労力を要する。学習者の自己評価用到達指標は包括性を欠いていて、いくつかのごく一般的な概念分野に抜けているものがあったり、ある機能分野がまるで欠落しているということがある。CEFR の利用や理解に関わる仕事では、CEFR を学校の教室に広範に応用しようとすると障害が起こる。

■ はじめに

　筆者は、特にイタリアにおいて 11 歳から 16 歳までの学習者用教材の開発と執筆に携わる中で、5 年以上にわたり CEFR の種々の面を扱ってきた。

## 1. CEFRと中等学校用シラバス

最初は、CEFRを既存のコースに組み入れること（すなわち、コースに明示されている目標をCEFRの到達指標とうまく合わせること）から始めたが、それはCEFRという新しい道具に慣れ、それがどのように機能するか理解し、CEFRを既存のシラバスの要素と関連づける時期であった。

**焦　点**

　CEFRがイタリア国内で配布され使用されてきた経緯から、一般に使われている資料は全体的尺度の能力記述文と自己評価表の「Can-doリスト」（本書巻末の参照文書1, 2を参照）である。チェックリストの利用は、ELP研究（本書の2.1を参照）から生じた波及効果である。ELPは、CEFR全体よりも速やかにイタリアの言語教育に組み込まれてきた。本稿で言及することの大半は「Can-doリスト」に関することになるだろう。CEFRをカリキュラム編成に用いるような、より包括的な方法には必ずしも焦点を置かない。

### ■CEFRへの取り組み
**既存のコースへのCEFRの組み込み**

　既存のコースとCEFRの一体化には問題があったが、特に大きな理由は、チェックリストと、中等学校の教室で使われている標準かつ公認の文法シラバス配列の進め方との間の不一致であった。CEFRの全体的尺度は、学校の教室も含め、言語教育が成功している状況であればすべてに適合するが、詳細な到達指標は、学校段階で見られる文法重視には合わないことが多い。

　一般的に、教師は動詞の時制の提示順序について話し合い、文法分野の習熟度によって学習者の進歩を測るのが普通である。教師は単純過去はもう終わったとか、今は現在完了に入っているというような話をするかもしれない。機能、スキル、発音等は扱われているが、授業活動の土台の大部分は文法に関するものである。

　自己評価用の到達指標と既存のシラバスを共に扱っているうちに、既存の「公認」シラバスとCEFRのねらいの間に齟齬があることに対して、筆者は次第に苛立ちを覚えるようになった。CEFRはコミュニケーション能力、方略、談話構造の理解、日常的な場面と機能分野における言語運用の

達成度を拠り所にしている。既にできあがっている正式なシラバスの括りに、後付けでCEFRの目標を加えても限界がある。筆者が出会う大半の教師が指導している標準的な機能分野でさえ、CEFRの自己評価用到達指標とは必ずしも「合致して」いない。

### ゼロからの出発

結果として、筆者はCEFR準拠のシラバスをゼロから作成することにした。しかし、「あることを改善しようとして既存の利点も欠点もすべてを捨ててしまう」のではないかという心配がある。教師が比較的満足している現状モデルをひっくり返して使用不可能なものと置き換えるようなことは筆者の望みではない。筆者は、CEFRと、実践を重ね検証されてきた文法要素の両方をうまく反映したシラバスを整え、教室活動を開発することに関心があり、特定の文法構造とCEFRが共に「柱となる」シラバスの作成を計画中である。

この作業は簡単な過程ではなく、多くのことが未解決の状態にあるが、計画過程の初期段階でCEFRを取り込む方法は、確実により効果的である。なぜなら、初期段階であれば、マクロの「カリキュラム計画」にも、ミクロの「教室レベル」の作業にも、CEFRはうまく当てはまるからだ。そうなっても急進的だという感じを与えないし、そういう感じを与えるようなことがあってはならない。詰まるところ、CEFRは人が言語を使って実際に行なうことを分析し、言語の初級者と中級者、上級者を識別するものは何であるかという定義を客観的に試みている。確かに、それこそが語学コース、指導計画、教科書の出発点ではないだろうか。これら2つの「文化」——シラバスとCEFR——を統合したいのであれば（筆者はそれを肯定的に捉えているが）、計画過程の初期段階でこの作業を行なう必要がある。

筆者はここで、CEFRを扱うことの利点や問題点と考えられることをまとめ、最後に1ユニット分の計画例とシラバスの抜粋を提示して本稿を閉じたい。

### ■ 教室におけるCEFR使用の利点
**場面/機能中心の言語の重視**

CEFRは人が言語を使って行なうことに焦点を置いており、それは現実

の世界に場を置いているのであって、教室という不自然な場所とは距離を置いている。例えば、A1 レベルには「人にものを頼む」「簡単な買い物をする」「自分が住んでいる場所を説明する」、A2 レベルには「公共の乗り物を使う」「飲み物や食べ物を注文する」などがある。

　場面 / 機能中心の言語は、学校の語学授業カリキュラムの一構成要素ではあるが、ここ数年は文法中心のカリキュラムが好まれてきた。言語機能は一連の指導目標に加わっていることが多いが、それを探そうとするとページの端に付け足しのように記述されているか、特に年齢の低い学習者の場合には、主な教授資料から除外されている。CEFR は場面 / 機能中心の言語使用を重視していることから、教師は再びこの分野に踏み込み、教室の中に実社会を取り戻すことができる。

**技能と方略の重視**

　1970 年代の終盤から 1980 年代初頭にかけては、読み、書き、話し、聞くときに学習者が用いる技能と方略は、そのための教材を通して指導され、学習者がオーセンティックなテキストに接することがコミュニカティブな行為と見なされた (例として Coe, Rycroft and Earnest (1983) を参照)。学習者は母語において言語技能を習得しているのであり、その技能は第二言語においても転用可能だということを、学習者に気付かせようとした。

　メガ教材が出現し、補助教材の使用が減少するようになってから、上述の考え方はしばしば軽く扱われるようになった。CEFR は、テキストの種類 (例えばニュースの要約、伝言、広告、使用説明、アンケート、標識) に言及するとともに、真のコミュニケーション技能 / 方略を用いた活動を指導に組み込む際に使うことができるチェックリストを教師に提供している。オーセンティックなテキストの種類は学習者の興味や年齢に合わせて調整できるようになっているので、例えば以下に示す A2 レベルの到達指標の言語レベルに合わせて、明確な目標を設定することが可能である。

「新聞の小広告の内容から必要な事柄を見つけ出すことができる」
「明確で単純な短いメッセージや広告の要点をつかむことができる」

第 3 章　コース設計と教員教育における CEFR

**学習者言語の重視**

　教師は言語習得理論を知ってはいるが、依然として初歩的な段階でも学習者の言語運用能力を母語話者の正確かつ完璧な規範を基準にして測定しがちである。語彙や文法などの「事実」を問う分野は、「正解」が 1 つしかない問題によってテストされるかもしれず、その結果、初級者と上級者の識別がなされない。

　これとは対照的に、CEFR では、ある特定のレベルにおいて学習者が達成可能と期待できることという視点から、言語使用者の言語運用力が記述される。語学学習に費やした時間と、あるレベルの学習者の平均的な言語運用の仕方がその基準となっている。「聞くこと」を例に挙げれば、レベルの上昇とともに期待されることも大きくなっていくことがわかる。以下は、学習者に期待されていることである。

A1 レベル：「だれかが自分にゆっくり話しかければ」理解できる
A2 レベル：「単純な日常会話で、直接自分に向けてはっきり、ゆっくりと
　　　　　 話されること」を理解できる
B1 レベル：「日常会話で、自分に向けられ、はっきりと明晰な発音で伝え
　　　　　 られる話についていくことができる」
B2 レベル：「騒がしい環境の中であっても、標準的な話し言葉で自分に伝
　　　　　 えられることを細部に至るまで理解できる」

　このような段階別記述と言語運用力の測定は、不自然で単純化された教材の使用と距離を置き、タスクの難易度に再び焦点を置くものである。これによって、教師も学習者も、全レベルにおいて（たとえ最も基礎的なレベルであっても）言語運用を説明することができるし、進歩をはっきりと示すことが可能となる。

　レベルの上昇につれて正確さも次第に重要度を増してはいるが、CEFR の全レベルを通して強調されているのは、ある言語で「何とか切り抜けること」である。特に低いレベル、つまり筆者の仕事の大半で焦点を当てているレベルにおいては、「Can-do リスト」は日常的なことの達成を定義している。

　結果として、以下のような質的側面が記述されている。

A1:「もっとゆっくりと繰り返してくれたり、私が言いたいことを言えるようにするために私の発言を言い直してくれるといった、相手側の手助けに依存している」
A2:「話し手が自分の言語レベルに合わせてくれれば、はっきりと伝えられることを理解できる」
B1:「会話を継続できるが、ときどきついていくのが難しいことがあるかもしれない」

　これは歓迎すべき変化だと筆者は信じている。特に中等学校では、正確だが限定的で不自然なコミュニケーションが強調されることが多いからだ。これらの能力記述文は、ある段階の学習者の「不完全な」言語運用を失敗と見なすのではなく、むしろ適切と認めるものである。学習者は「間違い」によって減点されることに慣れているが、言語運用を明確に示したチェックリストを学習者に提供することで、彼らはきっと励まされることだろう。また、そのようなリストを用いて、教師は学習者の言語運用能力を明確に説明することができる。
　CEFRはまた、コミュニケーション方略（だれかにもう一度言ってくれるよう依頼すること、だれかにわかるように説明してくれるよう依頼すること、会話を続けること、交互に話すこと、など）を明確化することで、コミュニケーションの質を大いに高める能力の伸長を教師にも学習者にも勧めている。こういった能力は、語学の授業では見落とされてしまうことも多い。

**機械的な文法練習のやや軽い扱い**
　自己評価用「Can-doリスト」は、かなり意図的に文法と文構造に言及していない。リストでは、どのようにコミュニケーションをしているか、書かれた文章や話をどの程度理解しているかについては明確に記述されているが、使われる文法はタスク達成の一部という程度である。
　仮に人が「短い物語文を聞いて、次に起こることについて仮説を立てることができる」(B1)ことを示すとすれば、この目的を達成するには、文法や文構造を用いることは明らかである。英語教師であれば、「物語を語る」には、過去形の理解とおそらくある程度の間接話法の理解が必要となり、

「次に起こること」について仮説を立てるには、未来形や助動詞が含まれると推測するだろうが、「Can-do リスト」は使用すべき文構造を定めていない。CEFR は文法を用いて達成する内容を重視しているのであり、カリキュラムについての様々な決定に必要な枠組みを提供しているのみである。

> CEFR は標準的な文法 (reference grammars) にとって代わるものではなく、厳密な提示順序を示すものでもなく (尺度は選択および広義の順序づけと関係するかもしれないが)、教育現場の実践家が明確な意思決定をするための枠組みを示している。(CEFR 2001: 152)

このように文法と距離を置き、言語運用能力へ移行することで、ある言語で使われたのとまったく同一の文法ルールを探す必要がなくなり、異なるヨーロッパ言語の言語運用能力を真に比較することが可能となる。学習者は自己の言語運用能力を CEFR のレベルに照らして説明したり、母語が異なる学習者や異なる言語を学んでいる学習者とレベルを比較することができる。

しかしながら、この「枠組み的」アプローチは多くの困難な問題も生じさせている。文法の「指標」がないことは明らかに CEFR の大きな強みであるが、反面、それは計画の段階で問題を生じさせる。このことについては後で言及することとする。

### 学習者の成果と外部試験との関連

ケンブリッジ ESOL やトリニティ・カレッジ・ロンドンの語学検定試験では、試験に成功するために達していなければならない CEFR のレベルを規定している。実際、CEFR の能力記述文の多くは、これらの試験の要件であるコミュニケーション技能と合致している。CEFR に基づくカリキュラムは言語運用力を重視しているので、様々な種類のオーセンティック・テキストを読んだり、実社会のコミュニケーション行為を実践することなどによって、学習者は試験に対応した適切な力を確実に伸ばすことができる。

一例を挙げると、「時事問題やなじみのある話題についての短い新聞記事の要点を理解できる」(B1)、または「短く簡単なメモや伝言を書くことが

できる」(A2)のような自己評価用「Can-do リスト」の能力記述文は、ケンブリッジ英検 PET の必要条件に合致しており、このあたりの到達指標を基準にした授業カリキュラムでは、教師は個別の試験対策の時間を減らして、本来の語学授業により多くの時間をかけることができる。

## 自己評価と自律

　CEFR は学習者と教師のための「一連の資料」を提供している。学校の授業カリキュラムが CEFR のレベルと個々の能力記述文を反映するように作成されていれば、ELP を用いた活動はより取り組みやすく、より合理的になる。学習者は、ELP の自己評価用チェックリストに挙げられているタスクに取り組んできたことがわかり、済んだ活動にはチェックの印を付けることができる。これによって、彼らが学んでいることが ELP としっかり結びついていることもわかり、達成感を抱くことができるだろう。それは、ときには冗漫な「Can-do リスト」の文言の意味を理解する方法であり、将来の仕事の中で生かすことができるものを学習者に与えてくれる。

　CEFR の指針からのもうひとつの副産物は、学習スキルおよび教育的能力全般を重視したことである。これらのスキルや能力によって、生徒はより優れた語学学習者となることができ、学校教育の場に限らず生涯にわたって言語学習を続けることができる。自己評価用「Can-do リスト」は補強的な学習との関わりにおいても役立つ可能性がある。仮に、ある学習者がほかの技能では A2 または B1 レベルまで進んでいるのに、スピーキングでは発音のせいで A1 レベルだとすれば、自己評価用「Can-do リスト」で自己評価をするときに、このことを明確かつ客観的に理解して、どこを集中的に矯正すべきかわかるだろう。

## 継続の勧め

　学習者に自己の言語運用を主体的に管理させることと、教師に客観的な到達指標を与えることで、ある波及効果が生じるであろう。つまり、ある学校から移ってくる A1 レベルの学習者が再び初級者として扱われるようなことはなくなる。「Can-do リスト」は学習者の言語運用力を流暢さの観点から説明しているので、教師は単に文法や語彙知識をテストすることはないであろう。そのかわり、A1 レベルの言語使用者の特質を反映するテ

ストによって、学習者が到達しているとされるレベルを確認するだろう。これによって学習者は進歩を確かなものにすることができ、教師は新たな言語運用力測定の方法を手中にすることができる。

　新しく学校に入る A1 レベルの学習者は、「個人的な情報を与える」あるいは「簡単な質問をしたり、質問に答えたりする」力などに関する分野をテストされる可能性がある。しかし、学習者が A1 レベルの言語使用者として十分その力を有しているとしても、その能力記述文には、教師が「自分が言いたいことを言うのを手伝ってくれる」のは適当だということが明記されている。このレベルの学習者の達成度において、正確さはそれほど重視されず、教師は単に学習者の成果に評定を与える方法だけではなく、学習者が達成することを「大事にする」方法も与えられている。

**スピーキング・スキルの重視**

　多くの中等学校の授業カリキュラムでは、リーディング・スキルとライティング・スキル重視の傾向があり、これらの進歩はスピーキングとリスニングより速い。標準的な授業シラバスを CEFR に合わせるときには、スピーキング、リスニング分野が追いつくように、リーディング、ライティングの進み方を「抑え」なければならない。このようにしてスピーキング、リスニングを重視することで、学習者はずっと効果的な言語使用者になるのであり、CEFR は有利な波及効果をもたらしている。

　これは中等学校における指導には大きな影響を与えるであろう。ただし、新しいシラバスを作成して自動的に教授法を変えたり、言語指導に対して長年培ってきた姿勢を一夜にして改革するのは不可能であるから、ゆっくり時間をかけて上述したように変えるということである。しかし、興味深いことに、CEFR はケンブリッジ ESOL やトリニティ・カレッジ・ロンドンのような口頭での運用力重視の外部試験と関連があるので、教師には口頭での運用力を重視すべき正当な理由が与えられている。

## ■ 教室における CEFR の利用——いくつかの課題

　新たな語学コースを計画するに当たって、自己評価用「Can-do リスト」に極力密着して作業をするのだが、やがて離齬が生じ始めるのは避けられない。例えば、文法と距離を置くといった利点は、強度な文法の枠組みに

基づくシラバスを計画する際には弱点となる。以下に筆者がこれまで直面したいくつかの問題点をまとめるが、それらは全体に関わることというより、むしろ細部に関することであった。

**文法に基づく配列を取り込まないこと**

　CEFR の利点は、文法を機能、場面、情報交換、やりとり、言語運用能力、技能、方略に置き換える方法にあると認めながらも、筆者は、中等学校の教室では「伝統的な」文法重視のシラバスと CEFR の言語運用重視のシラバスには不断の結びつきがあると信じている。文法に基づく概念の中には、CEFR ではあまり早い段階では扱われない、あるいは全く扱われないものがある。例えば、未来を表す表現は、「将来について語ること」とすれば扱うことが可能なのに、CEFR では省かれてしまっている。このような文法概念の省略は、CEFR の著者の理論とは奇妙にも相反するものである。彼らは過去の概念の扱いを遅らせる語学カリキュラムに異議を唱え、以下のような疑問を呈している。

　　学習者は、2年勉強しても過去の経験を語ることができないような配
　　列に従う必要があるだろうか。(CEFR 2001:151)

　外国語コースでは、通常2年間のプログラムの中で過去の経験を扱っているので、このような指摘は腑に落ちないが、別の理由で上述の文言には興味深いものがある。「過去の経験を語る」に言及するのと同様に、「未来について語る」といった他の概念分野を記述に加えれば、CEFR はもっと使いやすくなるであろうと思われる。実際、未来の概念は、「会うための手はずを整える」(A2) という能力記述文の中で間接的に言及されているだけである。大半の教師は未来の概念もしっかりと指導しているので、「Can-do リスト」からこれが抜け落ちているのは残念なことである。

　総じて CEFR の「Can-do リスト」には、文法への一貫した考え方や、「未来」のように一般に受容されている概念分野に対する言及がない。自己評価表 (本書巻末の参照文書2を参照) の中で、能力記述文は大まかに「簡単な句を使う」「句を簡単につなげる」「簡単な語で述べる」等を用いて学習者の文法操作について説明しているのみである。しかし、これらの大ま

かな能力記述文は、授業カリキュラムの基準となる概念分野と十分にリンクしているとは言えない。

「過去の活動を記述する」(A2)、「日常的な事柄についての短い話」(A2)、あるいは「物語ること」(B1)といった能力記述文がある場合には、CEFRと一連の文法をつなぐことを目指すシラバス作成者としての仕事ははるかに易しくなる。単純過去、過去進行、時を表すマーカーのような項目（これらの操作は別のヨーロッパ言語では異なることは明らかだが）の扱いを計画することが可能になり、これらの文法事項をA2レベルのシラバスに配置して、本格的に「物語ること」という目標をB1まで遅らせることができる。

能力記述文と概念分野を連携させることで、カリュラム作成者は文法と言語運用をより簡単に関連づけることが可能になる。「今起こっていることを伝えること」「報告すること」「ことの成り行きについて話すこと」「意図や計画を述べること」「最近の出来事や達成したことについて話すこと」「比較すること」「義務について話すこと」などは、すべて自己評価用「Can-doリスト」の一部になり得るものである。

以上によって、CEFR使用のための指針は語学授業における文法の役割を無視していると言っているわけではない。実際、CEFRの著者は利用者に、文法が教室でどのように教えられているかという質問について考えるよう求めている。

> 以下はCEFRの利用者が考慮すべきことである。必要があれば考えを述べるのがよい。
> ──学習者はどの文法要素、範疇、類、構造、変成、関係を必要とし、備えているべきか、操作できなければならないか (p. 114)
> ──文法要素、範疇、類、構造、変成、関係の選択と配列の根拠 (p. 152)
> ──それらの意味を学習者にどのように伝えるか (p. 152)
> ──言語教育と言語学習の中で比較対照文法が果たす役割 (p. 152)
> ──文の文構造と比較して、言語使用の範囲、流暢さ、正確さに置かれる相対的な重要度 (p. 152)
> ──学習者が(a)母語、(b)目標言語、(c)2言語の対照関係の文法を意識しなければならない程度 (p. 152)

――文構造が (a) どのように分析・配列されて学習者に提示されるか、(b) それらがどのように学習者に習得されるか
（CEFR 2001: 152–153）

　CEFR は学習者の文法能力開発の責任を教材開発者に委ねているという事実がある一方で、場面、機能分野に関しては同様の柔軟性を与えていない。これらの分野では、言語運用と到達レベルが厳密に繋がっているのである。CEFR の核となる文法分野をカリキュラム作成者が「見つけ出す」のではなく、基本的な文法分野に関してももう少し指針が示されていれば、カリキュラム作成者の仕事はもっと楽になるであろう。

　また、CEFR に文法の「扱い」がないにもかかわらず、能力記述文の文言に文法が不用意に含まれている場合には問題が起こる。A1 レベルでは「来週」「先週の金曜日」が出てくるが、この扱いは難しい。A1 レベルの学習者は、時を表すこのような句を伴う過去や未来の構造を使えるほどのレベルには達していないと思われるからだ。

　要するに、仕事を通して筆者が信じるに至ったのは、CEFR の作成者の文法に対する「軽い扱い」は CEFR の理念を前提にすれば理解できることではあるが、CEFR を扱う教師とカリキュラム作成者にとっては不必要な障害となるだけだということである。

**学校を学習の場とする学習者には必ずしも適さない**

　CEFR の自己評価用「Can-do リスト」では、仕事、ビジネス、旅行、文化交流、学術的な仕事の世界とより密接に繋がっていると思われる現実が反映されていることが多い。ホテルの予約、旅行の手配、あるいは報告書の作成といったことが強調されている。また、多くの場合、母語話者または学習者よりも言語運用力が高いと思われる対話相手との関わりの中での言語運用、つまり「現実の世界」で起こりそうなことが反映されている。

　それゆえ、A1 レベル話者に「達する」ためには、話し手が伝えたいことをはっきりさせるように対話相手が手助けしなければならないだろう。しかし教室では、おそらく話し手と対話相手は同レベルかもしれず、このような実態は CEFR においてはうまく反映されていない。CEFR には全体的に、教室の世界とは思えない特徴があり、残念ではあるが、CEFR は教

第3章　コース設計と教員教育における CEFR

室で達成することとは無関係と取られ得るのである。また、言語運用力の特色もかなり成人向きであり、10代の若い学習者ができることや興味を抱くことには合っていない。

**個別の自己評価用能力記述文は包括性を欠く**

　CEFR はだれもに個別の能力記述文を使用せよと言っているのではない。実際、CEFR の著者は、教師がどのようにそれを教育現場の実態に合わせることができるか理解できるように手を貸してくれている。しかしながら、現実には教師とコース作成者の大半には CEFR を用いた語学授業シラバスをゼロから作る時間はない。実際、イタリアでは、基礎段階のシラバスには自己評価用「Can-do リスト」を用いるという暗黙の了解がある。結果として、自己評価用「Can-do リスト」の質には非常に重要な意味があり、どんな欠陥もカリキュラム作成に大きな影響を与えてしまう。

　難しさの原因のひとつは、ある技能の能力が、同一レベルの別の技能において「相補的」な能力になっていないことである。一例を挙げると、A1 レベルのリスニングの「X から Y への行き方についての簡単な指示を理解できる」という記述は、「やりとり」の中の類似の記述とレベルが合致していない。ちなみに、これは A2 レベルの「やりとり」の能力記述文の中に出てくる。

　確かに、道案内を聞いて理解できることは、道案内ができることよりも基本的な能力ではあるが、現実的には、特に道を教えてもらうには口頭で道を尋ねる必要があるのだから、これら2つの能力は分けるべきではない。

　もちろん、A1 レベルの道案内の能力記述文は「もし話し手が労をいとわなければ」という文言を含む必要があるだろう。しかし、筆者自身の「サバイバル」学習の経験からすれば、道を尋ねて案内の説明を理解することができるようになっていれば、「右に行く」「左に行く」といった基本的な道案内をすることはできるはずである。実際、コミュニケーションの観点からすれば、道を聞いた人は道を教えてくれた相手に向かって、「左、それから右」のように、指示されたことを繰り返すのが普通である。

**機能分野に欠落がある**

　自己評価用「Can-do リスト」の「やりとり」の分野は、機能/場面のね

らいの典型的な「扱いの範囲と提示の順序」の記述とごく密接に繋がっている。A2 レベルには「食べ物や飲み物を注文できる」「道を尋ねたり、道案内をすることができる」「人を招いたり、招待に応じることができる」がある。これに相当するレベルの語学コースにはこれらの目標が入っていると考えられるが、例えば「申し出を受けたり断ったりすること」「得意なことについて話すこと」「忠告すること」などの他の機能分野も入っているだろう。したがって、シラバスを計画するときには、CEFR の指定にはないがそのレベルには同じく適切だと思われる分野を CEFR の文言に加えて調整しなければならない。

　CEFR の実践家は、独自の能力記述文を「Can-do リスト」に加えることが可能ではあるが、特に CEFR は機能分野については徹底しているという印象を与えているので、一般の教師はそれに気が付かないし、そういった作業をしようという気も起こさない。また、教師は、シラバスが CEFR に「合わせて」あるというのであれば公式リストを反映しているものと思い、同様に妥当な他の機能分野も加えられていると言われると、混乱したり失望したりする。

　さらに、教師は「Can-do リスト」が使われる「公式」の場があることを知っている。それはヨーロッパ言語ポートフォリオ（European Language Portfolio）である。CEFR に連結した教材は「Can-do リスト」に沿っていると学習者や教師が考えるのは至極当然のことである。しかし実態は、大半の教科書の自己評価用チェックリストで、学習者は「Can-do リスト」には含まれていない、授業で扱った別の能力記述文に印を付けるよう求められるのである。

　要するに、CEFR の機能本位の「Can-do リスト」がもう少し包括的で、語学授業で使われている標準的な機能の標識付けを反映していれば、それは教師にとってよりわかりやすく使いやすいものになるであろう。

**CEFR はまだ十分に理解されていない**

　まだ CEFR の存在をそれほど意識しておらず、それを用いる訓練を受けていない教師が多いのは明らかで、そのために CEFR と関わる仕事には気遣いが多い。教師の中には、CEFR を ELP と混同したり、CEFR を自分の指導に干渉するヨーロッパの陰謀だと考える人さえいる。既存のシラバス

とCEFRとの調和を土台にしたいかなる作業も、学習者の言語運用力の向上と教師の仕事の単純化を目指し、利点が大きいものであることが示されなければならない。ある意味で、筆者がCEFRの熱烈な支持者でありながらも厳しい批判者でもあるのは、仕事を通してCEFRを広め、その利点を教師に示さなければならないからである。

■ 結　び

　CEFRの自己評価用「Can-doリスト」は、学習者（特に10代前半の学習者）や教師にとってさえ、非常にハードルの高いものに見える可能性がある。CEFRと近づく方法は、ELPへの取り組みを通して、できるだけ速やかに学習者に「Can-doリスト」を自己管理させることだ。学習者は、教室で行なっていることがポートフォリオのチェック欄の記述と一致していることを実感し、自己の言語運用力の記述方法全般に納得しなければならない。この連結が明瞭でなければ、彼らは学習意欲を失うことになり、「Can-doリスト」の指標はむしろ逆効果になるであろう。

　筆者は、仕事の中でCEFRと教室の接点を作り出す努力をしている。標準的なシラバスの括りを再評価する道具としてCEFRを用い、これまでに実践を重ね検証されてきたこととCEFRとをしっかりと連結させるようなシラバスの作成に全力を注いでいる。それは苦労を伴う仕事であるが、CEFRも、中等学校で使われている標準的な授業用シラバスも、長年の経験と知識の所産であるという事実に助けられている。どちらの出発点にも根拠があるが、教室の言語に命を吹き込み、学習者の言語運用力を向上させ、教師がより指導しやすくなるような何かを作り出すために、両者は協力し合わなくてはならない。CEFRにはいくつかの弱点はあるが、言語運用力に関する広範で熟慮された記述を提供しており、語学教師にとっては挑戦のしがいがあり、示唆に富む道具である。

〈参考文献〉

Coe, N., R. Rycroft and Earnest. 1983. *Writing Skills*. Cambridge University Press.

〈著者〉
**Julia Keddle**
20 年以上 ELT に関わり、イタリアでの 10 年以上の指導経験と、イギリスの Bell English Language School での指導経験を有する。教員研修指導者でもあり、NILE（Norwich Institute for Language Education；世界各国からの言語教師と言語教育の専門家を対象に教員研修プログラムを提供する機関）に所属していた。オックスフォード大学出版局（OUP）で 10 年以上 ELT 分野の出版に携わった経験があり、現在はフリーランスの著者、教材開発者、教員研修指導者。多数の教科書と教授用資料を著し、Step Ahead Portfolio（EL1）の共著者。現在、ELT ビデオプロジェクトの取り組みと CEFR に基づく語学プログラムの執筆および開発にも従事している。

第 3 章　コース設計と教員教育における CEFR

# ■付　録 1

現在取り組み中の作業：
中等学校語学コースのレベル 1 モジュール用 CEFR / 機能 / 文法シラバス

| A1 モジュール　過去について話すこと | | |
| --- | --- | --- |
| 文法 | CEFR の領域 | その他の機能 |
| 単純過去　be 動詞<br><br>過去を表す表現（例：last night）<br><br>単純過去：規則動詞 / 不規則動詞<br><br>賛成・反対すること（例：So do / did I. Neither do / did I.）<br><br>主語 / 目的語を問う疑問文<br><br>could / was / were able to / managed to<br><br>I'm keen on / I can't stand<br><br>順序を表す副詞：<br>then / next<br>接続詞：and / but / or<br>義務：助動詞 should<br><br>Why don't you? / You'd better | 「聞くこと」：単純な会話を理解する；基本的な個人情報、家族、買い物、身近な場所、職業を理解する；出来事や事故などのテレビニュースの要点を聴き取る<br><br>「読むこと」：平易な使用説明書；短い物語文<br><br>「やりとり」：好きなもの / こと、嫌いなもの / ことを伝える；謝罪したり謝罪を受け入れる；人の状態を尋ね、聞いたことに応答する<br><br>「表現」：過去の出来事を述べる（例：先週末）；出来事を短く簡単に述べる；趣味や興味を持っていることについて述べる<br><br>「方略」：相手の言っていることについていっていることを示す<br><br>「言語の質的側面」：複数の語を繋げる；いくつかの簡単な文を正しく使う；日常的な状況を切り抜ける；定型表現を使って自分の言いたいことを理解してもらう<br><br>「書くこと」：単純な文を使って出来事を記述する（例：パーティー、事故）；時系列を示す | 賛否を表すこと<br><br>過去について話すこと<br><br>過去に得意だったことについて話すこと<br><br>義務について話すこと<br><br>忠告したり忠告を求めること |

## ■付　録2

付録1に提示したシラバスを用いてCEFRのA2レベル言語能力の向上を意図したユニットの計画案

ユニットのテーマ：ストーリー・テリング

〈ねらい〉
• 話を伝えること
• 適切に応答して助けながら、話を伝えている相手とやりとりをすること
• 物語を理解すること

〈CEFR　A2自己評価用能力記述文〉
「表現」：過去の活動や経験を伝えることができる（例：last weekend, my last holiday）
「方略」：話の内容についていっていることを相手に示すことができる
「言語の質的側面」：定型語句や単独の表現を用いて言いたいことを伝えることができる：単純な接続詞を使って複数の語句をつなぐことができる（and, but, because）
「書くこと」：出来事の時系列を表す最も重要な接続語句を使うことができる（first, then, after, later）

〈言語の力点〉
単純過去、接続語句、順序を示す語句を使いこなすこと
会話を続けるためのコツ（例：Guess what happened next? You'll never believe it! And then what happened? Really? Did you? That's terrible / amazing etc.）

〈主なタスク〉
• 絵本の発表：理解と物語の簡単な再生
• 逸話を聞くこと：主要な登場人物の識別と理解
• 話すこと：学習者がグループまたはペアで語り合うインフォメーション・

ギャップのある絵物語
- 発展的タスク：自分史または逸話を準備すること
- 話すこと：ペアで個人的な物語を語る
- 書くこと：接続詞を使って自作の物語を書くこと

# 研究社の本
http://www.kenkyusha.co.jp

**待望の全面改訂版！**

# リーダーズ英和辞典
## 【第3版】
### 高橋作太郎〔編集代表〕

**重版出来!!**

**現代英語を的確に反映した28万項目**

## 英語を読む人のファーストチョイス
文系でも理系でも、実務にも趣味にもこれ一冊で間に合う
### 最強の英和辞典

A5変型判 2760頁 ［並装］■10,500円／978-4-7674-1432-4
　　　　　　　　［革装］■15,750円／978-4-7674-1422-5

- 読むための情報に的をしぼり、大辞典をしのぐ豊富な語彙をコンパクトに収録。
- 新語・新語義・専門語・固有名・イディオムなど約1万項目を追加。
- 口語・俗語から多様な分野の専門語まで、幅広く採録。
- 対象：学生・社会人一般。実務家・翻訳家必携。

### ●柴田元幸（翻訳家・東京大学教授）
「使える辞典」としての有用性は依然群を抜いている。今回の改訂で、日本最強の英和辞典としての地位はますます揺ぎないものになった。

### ●福岡伸一（生物学者・青山学院大学教授）
研究生活でも、翻訳仕事でも、そしてこうして自著を執筆するようになってもこの辞典はずっと私のかたわらにある。

# 研究社の本
http://www.kenkyusha.co.jp

■新刊■TOEIC® 990だけでなく、TOEIC® SWで200／200をめざせ！
TOEIC® の頂点（1390）を極めろ！

## 頂上制覇
## TOEIC® テスト
## スピーキング／ライティング
## 究極の技術(テクニック)

ロバート・ヒルキ、上原雅子、横川綾子、トニー・クック〔著〕
A5判 280頁＋別冊96頁 2色刷り CD2枚付　■2,835円／978-4-327-29106-8

TOEIC® SWテストを知り尽くした著者たちが試験問題を徹底分析し、その対策を完全公開。
模擬試験も2セットのほか、練習問題を多数収録。完全無欠のTOEIC® SWテスト対策本！

■英語らしい語法・コロケーションが学べる
## 〈コーパス活用〉英語基本語を使いこなす
## 【形容詞・副詞編】

富岡龍明〔著〕　A5判 220頁／■1,785円／978-4-327-45249-0

実際の使用頻度のデータから基本的な形容詞・副詞を140取り上げ、
日本人には盲点となっている英語らしい語法・コロケーションを学ぶ。

■好評の既刊【動詞・助動詞編】　A5判 232頁／■1,680円／978-4-327-45248-3

■冠詞はむずかしくない
## ネイティブが教える
## ほんとうの英語の冠詞の使い方

デイビッド・セイン、森田 修・古正佳緒里〔著〕
A5判 166頁／■1,575円／978-4-327-45253-7

豊富な例文とネイティブの解釈のセットで、冠詞の意味合いを「感覚的」に身につければ、ほんとうの英語の冠詞の使い方がわかる。

■好評の既刊
## ネイティブが教える 英語の動詞の使い分け
A5判 290頁／■2,100円
978-4-327-45247-6

## ネイティブが教える 英語の語法とライティング
A5判 280頁／■1,890円
978-4-327-45240-7

## 【英国十八世紀文学叢書】
■新刊■隠然と咲き誇る英国十八世紀ポルノの世界
### 6. エロティカ・アンソロジー
小林章夫〔編訳〕　四六判 312頁／■2,940円／978-4-327-18056-0
ヴィーナスの学校／メリーランド最新案内／女性の夫／地獄からの大ニュース／人類繁殖法についての奇っ怪なる講義　ほか
■既刊
### 1. パミラ、あるいは淑徳の報い
サミュエル・リチャードソン〔著〕原田範行〔訳〕　四六判 816頁／■5,040円／978-4-327-18051-5
### 4. オトラント城／崇高と美の起源
「オトラント城」ホレス・ウォルポール〔著〕千葉康樹〔訳〕
「崇高と美の起源」エドマンド・バーク〔著〕大河内昌〔訳〕　四六判 350頁／■3,360円／978-4-327-18054-6
### 5. アフリカ人、イクイアーノの生涯の興味深い物語
オラウダ・イクイアーノ〔著〕久野陽一〔訳〕　四六判 354頁／■3,570円／978-4-327-18055-3

■認知意味論に関する最新の研究成果
### 認知意味論研究
山梨正明〔著〕　A5判 208頁／■2,940円／978-4-327-40162-7
認知意味論の視点から、日常言語の意味の世界への新たな探求を試みる。特に、日常言語の意味の世界を創造的な認知能力との関連で考察。

■英語の音に詳しくなりたいすべての人へ
### 入門英語音声学
服部範子〔著〕　A5判 128頁 CD1枚付／■2,100円／978-4-327-42189-2
英語音声学の知識を活用して、発音のしくみをくわしく解説。リスニングや発音を強化したい人にも役に立つ入門書。

■あの市橋辞典が＜普及版＞になって新登場！
### 話すための
### アメリカ口語表現辞典【普及版】
市橋敬三〔著〕　四六判 1680頁／■4,830円／978-4-7674-3474-2
多くのアメリカ人インフォーマント（情報提供者）に調査し、生きた口語表現を徹底的に集めた、英語を「話すための」辞典。

## 研究社のオンライン辞書検索サービス・・・・・・KOD

# KOD

定評ある18辞典を自在に検索、引き放題。毎月最新の語彙を追加。

【ケー オー ディー】

## 英語に携わるすべてのスペシャリストへ

● 『リーダーズ英和辞典〈第2版〉』はじめ、定評のある研究社の **17辞典+「大辞林」**(三省堂)が24時間いつでも利用可能。毎月、続々と追加される新項目を含め、オンラインならではの豊富な機能で自在に検索できます。

● オプション辞書として、『Oxford Advanced Learner's Dictionary 7th edition』(英英辞典)、『羅和辞典〈改訂版〉』、『英米法律語辞典』も収録。

● **300万語**の圧倒的なパワーをぜひ体感してください。

**スマートフォンやタブレット端末**にも対応しました。

検索種別は標準検索の完全一致、前方一致、後方一致のみ

**新会員募集中!**

＊6ヶ月3,150円(税込み)から
＊オプション辞書は別途料金がかかります。

## http://kod.kenkyusha.co.jp

◎図書館や団体でのご加入・公費対策など、お問い合わせはお気軽にどうぞ。

● この出版案内には2013年3月現在の出版物から収録しています。
● 表示の価格は定価(本体価格+税)です。重版等により定価が変わる場合がありますのでご了承ください。
● ISBNコードはご注文の際にご利用ください。

〒102-8152 東京都千代田区富士見2-11-3 TEL 03(3288)7777 FAX 03(3288)7799 [営業]

# 2. 教員養成と現職教員研修における CEFR

ハンナ・コモロウスカ (Hanna Komorowska)

■概　要

　本稿では、ポーランドの現職教員と教員志望者のヨーロッパ言語共通参照枠 (Common European Framework of Reference for Languages, 以下 CEFR と略す) への反応を検証し、CEFR の文書の導入に関わる困難点を明らかにして、CEFR を教員養成と現職教員研修に取り入れる可能性について概観する。ここに提示した様々な考えは、筆者が教員研修指導者として、また、欧州評議会の現代語プロジェクト・グループ (Modern Languages Project Group) ポーランド代表としての経験を通して育んだものである。結論は、3つの教員訓練機関で取り組んだ質的アクション・リサーチ・プロジェクトから導き出したものである。

■社会的および教育的背景

　教員教育に導入されるべき問題の選択と CEFR との関わり方の選択は、ポーランドの体制転換後の社会情勢に大きく影響された。それゆえ、国情に関する若干の説明を加えることで、このプロジェクトの背景がわかりやすくなるだろう。

### 1990 年代中盤のポーランド

　ポーランドでは、1990 年代中盤は CEFR に関する研究への関心が大いに高まった時期であった。学会主催者はこの分野の研究を研究発表に取り込むことを望んだ。教員の研究団体と教員向けの専門誌は研究結果に関心を示し、教員たちは欧州評議会の本部があるストラスブールで起こっていることを少しでも多く知りたがった。

　これほどまでに顕著な関心には 2 つの理由があった。第一に、ヨーロッパの影響から断絶され続けた長い年月の後、ポーランドは西洋社会に向かっ

て開国した。カリキュラム作成が中央の管理下から外れた今、教員はどのような新案がカリキュラム作成に役立つのか知りたかったし、やっと自由に選択できるようになった教科書を選びたかったし、新たに開校した私立の初等、中等学校の言語教育について意思決定をしたいと考えた。1990年に創設された外国語教員養成の新組織に所属し、現職教員のための新たなコースを担当していた研修指導者は、特に有料の教育関連事業市場が開けたことから、専門分野の目新しい考え方はひとつたりとも見逃したくはなかった。第二に、「正答は1つ」という伝統が絶対的に機能している中で、教育関係者は「正しい方向性」を探る必要があった。従うべきモデルやじっくり考えてみるべき理論が必要であった。このような状況の中で、教員養成と現職教員研修にCEFRの理論を積極的に取り入れることは、必要性が高いというだけでなく比較的容易なことであった。

### 態度の変化

1990年代の終盤に状況が変化した。CEFRに携わる作業には時間がかかり、入ってくる資料は理解に困難を要するものであった。はっきりとCEFRを推奨したり断定的な評価をすることは期待できないことが、何とはなしに明らかになった。質問は途絶えてしまったし、グラーツで行なわれたセミナーへの参加者もしくは欧州評議会のネットワークへの参加者以外の教員には、CEFRの啓発活動はほとんど忘れられていた。出版社と教員研修指導者だけがCEFRの理論の普及に努めたが、教員側の動機の欠如が原因となり、それは次第に困難を増すことになった。

### 影の役割

当時、CEFRは一般の教員にはほとんど注目されなかったが、ポーランドの教育制度には強い衝撃を与えた。その理由は、当時ポーランドで進行中の学校制度と教員教育の改革に関係のあるシラバスおよび教材の作成にCEFRが影響を与えたからである。しかしながら、多くの教員はこれらの変化の影の推進力としてのCEFRの役割に注意を向けてはいなかった (Komorowska 2002)。

2002年、すなわち、それはケンブリッジ大学出版局よりCEFRが出版された翌年であるが、CEFRの資料そのものに対し新たな関心の波が見ら

れた。CEFR の文書の中で使用されている「Can-do リスト」に基づく言語テスト分野における、欧州連合の新プロジェクトの進展と共に動機の高まりがあった（本書の 4.1 を参照）。レオナルド・ダ・ヴィンチ・プロジェクトに従事していたり、そういったプロジェクトに加わりたいと願っている教員、校長、教育管理職、地方自治体関係者は、今や懸命に CEFR に近づこうとした。当時、ポーランド政府に強い圧力がかかり、その結果、資金を得て CEFR のポーランド語訳が作成されることになった。本稿執筆中（2003 年 11 月）の時点で、翻訳版は間もなく出版される予定である。

## ■ 教員教育への CEFR の導入

1996 年後半に、ストラスブールにおいて CEFR の初稿が謄写印刷の形で出版されたときには、ポーランドでは欧州評議会の活動全般、また特に CEFR に関わる研究への関心は最高潮に達していた。そのため、教員志望の学生にできるだけ速やかに CEFR になじませるのはごく当然のことと思えた。1997 年に短い試行期間を終えた後、筆者は 1998–1999 学年度の教育養成と現職教員訓練において、CEFR の原書を用いて研究を開始した。この試みは予想を超えてはるかに難解であるという理由から、3 サイクルで完了するアクション・リサーチの形をとり、英語で教育を受けている 3 つの異なる学生グループを各サイクルの標本に用いることにした。

### グループ

第 1 グループは、ワルシャワ教員養成大学 3 年制課程とビアリストック大学の 3 年制課程の 1, 2 年生から成っていた。教育実習は学士課程の 3 年次で行なうことになっていたので、彼らは理論的背景に乏しく、指導経験と言えるものもなかった。筆者は外国語教育の心理学的、教授法的基盤に関するテーマを広範に扱う 2 学期コースの双方向型講義の間にこれらの学生と研究活動を行なった。しばしば 30–45 名の授業参加者をまとめてグループを編成した。

第 2 グループは、イングリッシュ・インスティチュート（Institute of English）で 5 年制の修士課程に在学している学生で構成されていた。彼らは、修士修了証には自動的には含まれていない教員資格を取得するため、3, 4 年次に外国語教授法の科目履修を決めた学生だった。彼らにはかなり

の理論的背景があったが、1対1の個人指導以外の指導経験を有する学生はほとんどいなかった。筆者は、「シラバス計画」「教室でのインタラクション」「第二言語習得と言語教授法」と題する、各1学期の授業の中でこれらの学生と研究活動を行ない、これらの授業に寄与するものとして CEFR を用いた。

第3グループは、文学学士号または教育学士号を有する現職教員のグループで、3年制の教員養成大学卒業者のためのフォロー・アップ修士課程として提供されている、学外学生のための3年制課程の2年生だった。彼らの理論的背景は第2グループの学生のものと類似していたが、彼らにはかなりの教歴があった。彼らは英語教授法に関する種々のテーマで修士論文を作成しながら、修士学生のための演習の中で CEFR について討議した。

■ 1回目のサイクル: 資料としての CEFR の紹介

初期の段階、この時期は筆者の CEFR 研究の初年度に当たるが、全グループの学生はケンブリッジ大学出版局より出版された CEFR（2001年版）の1, 2, 4, 5, 6, 8章を読んで討議することになっており、到達指標の「Can-do リスト」もある程度扱った。

各グループに対する CEFR の導入方法の基本的な違いは、文献を用いた活動の形式にあった。グループ1, すなわち最若年で指導経験が最も少ないグループの学生は、短い導入講義の後で CEFR の抜粋のハンドアウトを受け取り、授業でそれを読み、直後に討議をして最後にまとめの講義を受けた。他の2グループは各章を家で読み、授業で討議を行なった。また、文献の講読量と討議の量についてもグループ間に若干の差があった。グループ1はかなり少なめの抜粋を読んで討議したが、グループ2は多量の抜粋あるいは章をまるごと（通常3–4章分）読んで討議した。また、グループ3は現職教員グループなので、先に示した全ての章を読んで討議をした。

**文献の困難さ**

どのグループにとっても文献を読んで理解するのはきわめて難解であったが、グループ3, すなわち現職教員で、言語学の修士号取得に向けて勉学中の学士号保持者にとっては、他のグループの学生に比べれば CEFR を扱う困難度ははるかに低かった。しかし、彼らは自分の考えを持ち、自分の

求めているものがよくわかっているせいで、不平の声もはるかに多かった。彼らの不平は主に原書の複雑さに関するものであった。学生たちは特に言語使用、言語学習、言語教授に関する章に重複があることを指摘し、延々と続く分類や表を取り上げて、CEFR の長さと構成を批判した。

それほどはっきりと表に出されたわけではないが、同様の不平は 5 年制の修士課程の学生にもあった。しかし、これらの学生は、主に文献の読書量のことを強調した。本来、彼らは CEFR 以外の問題を扱う 1 学期コースの中で CEFR に対処しなければならず、結果として CEFR は背景知識を得るためのリーディングに過ぎなかったことを考えれば、それは理解できるものであった。

教員養成大学の 1 年生は、3 グループの中で最も慎重で、自分たちの問題を口にしようとしなかった。おそらく、これにはより一般的な傾向が作用していたのだろう。高校を卒業したばかりの大学新入生は、理論的な文献にはまだ不慣れで、普通は問題がどこにあるのかわからず、リーディングの材料よりはむしろ自分を責めがちなのである。

**学生たちの異なる関心**

教員養成大学の学生は、外国語教授の実際面に興味を示すと予想されたが、おそらく指導経験不足のせいで、そういったことには全く熱意を示さなかった。結果として彼らは、学習者以外の役割で教育的文脈を扱うことは不必要だと感じていた。しかし、彼らは国際的な文書を扱う方法、特に、CEFR が満たすべき基準（CEFR 第 1 章第 6 節を参照）には大きな関心を示した。

学術課程の学生は、言語運用力全般、学習者要因、学習方略の選択や学習方略訓練などの外国語学習と教授に関する問題に関心を示した。

一方、学外学生課程に在籍中の現職教員は、カリキュラムの概要、そして何よりもまず、評価と能力記述文に関心を示した。

■ 2 回目のサイクル：CEFR の考え方の紹介

グループ間の文献の難易度の差、関心の違いという 2 つの要因が相まって、新たな方法が必要になった。1 回目のサイクルで CEFR を 3 つのグループに紹介した方法には明らかに違いがあったが、さらなる調整が必要

になった。そこで 2 回目のサイクル、すなわち 1999–2000 学年度および 2000–2001 学年度には、新たな方法を採用した。

**選択した問題を扱った取り組み**

　最若年で最も経験の少ない教員養成大学の学生にとって、CEFR の原書は極端に難しかったが、彼らは事前に準備された原書の扱い方には大いに興味を持った。OHP でスライドを補助的に用いながら厳密な講義形式に変えて CEFR を紹介したことが、より効果的な解決になったようだった。討議の前に 3 回のプレゼンテーションを行ない、次の問題を取り上げた。

- ストラスブールで CEFR の準備活動開始を決めた理由
- CEFR（2001 年版）が満たすべき基準
- 活動、領域、トピックとタスク

　4 学期にかけて、これらのプレゼンテーションを教員養成コースのカリキュラム全体と統合させる試みが 2 つの方法で行なわれた。1 つ目の方法は、できるだけ早い時期、すなわち 1 年次課程の 2 学期の最初に CEFR に関する授業をすることだった。これは学生がまだ専門用語の使い方に慣れていない時点にねらいを定めるためだった。2 つ目の方法は、これをできるだけ遅らせること、つまり、学生が専門用語にすっかり慣れ、用語の使い分けをよく理解し、用語を比較することができるようになっている時期、すなわち 2 年次の 1 学期の終わりに CEFR の授業をするという方法だった。

　1 学期のコースを履修した 5 年制修士課程の学生は、2 回目のサイクルでは、CEFR の中から選択した章のみ、またときには章の抜粋のみを与えられ、今回はコースの種類に応じて特定した学習者の特徴と関連させながら、活動、領域、トピックとタスクを集中的に扱った。

　最後に、現職教員は、同課程の前グループが前年度に行なってきたことと最も近い方法を取った。導入された唯一の変更点は、彼らに CEFR とそれ以外の指導法および学習プロセスの記述を比較させ、部分的な言語運用力とカリキュラムの概要に関する問題を重点的に扱って、これらの概念を学校で実践することについて考えるよう促すことだった。

## これらの変化がもたらした効果

　教員養成大学の1, 2年生のための講義兼討議型のプレゼンテーションは、学生側からはるかに強い関心を引き出した。学生は多くの質問をしたし、特に学習者の役割については多くの興味深い意見が出された。これはプレゼンテーションの形で単純化したことで、彼らがCEFRをずっとよく理解したことを示すものであった。このことから、同大学の昨年度の学生が遭遇した極端な難しさは、理論の複雑さではなく、言語および原書の書き方に関係があったことが容易に理解できた。しかし、講義形式には明らかなデメリットがあった。講義のせいでCEFRを読む意欲がなくなるわけではないにしても、学生がCEFRを自分で読もうとはしなくなったという点である。これは、授業のプレゼンテーションに頼ったことによる当然の結果だと言える。

　しかし全体的には、この方法は、原書の抜粋の講読と討議という前年に導入した形式よりも喜ばしい解決策となった。また、CEFRの紹介を可能な限り遅らせること、すなわち教員養成大学の2学年度に実施するという2つ目の選択は、はるかにうまく機能したようだった。

　1学期の教授法コースを受講した5年制修士課程の学生にとって、逆説的ではあるが、読む量を減らしたことによる利点が大きいようだった。彼らはより集中し、よりよく理解し、その結果としてコースの主要なテーマとCEFRをはるかに直接的に関連させることができた。しかし、予期せぬ結果も現れた。読む量が減ったことで、文章の質により集中できるようになると、フォロー・アップ修士課程に在籍していた現職教員が初期の段階から言及していたのと同様に、専門用語と文章の難しさについて不満の声を上げ始めた。彼らが明晰だと感じたのは「Can-doリスト」のみであった。

　現職教員の新しいメンバーによるグループも同種の不満を訴え続けており、彼らもまた、CEFRで明晰なのは「Can-doリスト」だけであると指摘した。彼らにとって、部分的言語運用力の問題の理解が特に難解で（たぶんこれは彼らが受けた過去の教育の典型、すなわち正解はただひとつという考え方のためであろうが）、指導実践の中でこの概念を応用する方法がつかめなかった。一方、カリキュラム概要はほとんど全ての学生にとって関心の強いトピックで、その領域のCEFRの説明が比較的明解であったこ

第3章　コース設計と教員教育における CEFR

とから問題は生じなかった。

**問題点**
　2回目のサイクルでは、以下の点が大きな問題となった。

・専門用語
　学生たちは、既に学習済みの用語や類型のほとんどが新しい用語に置き換えられていることに愕然とした。彼らが「言語運用力（communicative ability）の構成要素」として学んだもの、例えば「言語的」「コミュニケーション的」「方略的」「社会言語学的」等は消されて、それに代わる「言語運用力（communicative competence）の構成要素」という用語は、今は3領域のみ（言語的、社会言語的、語用論的）を包含していた。彼らにとっては、「能力」（competence）という用語が4種類の「学習能力」（savoir）としても用いられているのが理解しにくかったが、その一例には音声能力があった。彼らは「コミュニケーション活動」（communicative activities）という用語が「授業の中のタスク」という意味で使われることには慣れていたが、これまで「技能」（skills）としてなじんできたものが「活動」（activities）になってしまったことなども例のひとつである。

・選択に関する実用的な手引きの不足
　現職教員たちは、何かを決断しようとする際に放り出されたように感じた。選択肢の一覧が示されているだけで、「どれを選ぶべきか」に関する助言が示されていなかったからである。学校の教員にとって難しかったのは、カリキュラム概要と、維持または訓練すべき学習方略の選択に関するものだった。一方、語学学校の教員にとっての困難は、伸ばすべき能力や領域と教授法の選択に関することが多かった。
　専門用語がこの状況をさらに悪化させた。これまでなじんできた言語の構成要素や技能の区分をなぜ捨てなければならないのか理解できなかったので、CEFR のカテゴリーをコースブックの評価や選択に応用する際に問題が生じてしまったのだ。

・CEFRの非評価的な特性

　教員志望学生にとっても現職教員にとっても、全く異なる考え方が同一の価値を持っているという事実を受け入れるのは簡単なことではなかった。例を挙げると、コミュニカティブ教授法も文法訳読式教授法も、CEFRでは同一類型の例として表示されていた。彼らは、このために、例えば校長がCEFRを正当な言い訳に使って教員に文法訳読式の指導を押し付けるのではないかと危惧した。

**関心を集めた論点**

　若い教員志望学生は、国際的団体が研究を進める方法について引き続き大きな関心を持ち、それゆえに第1章「ヨーロッパ共通参照枠の政治的および教育的背景」、第2章「理論的背景」の考え方により強い関心を示した。

　5年間の修士課程の勉学の中で教員資格獲得に向けて学んでいる学生は、言語習得、言語学習と言語使用、そしてそれらの論点を提示する学術的な方法により大きな関心を示し、ゆえに第4章「言語使用と言語使用者/言語学習者」と第5章「言語使用者/言語学習者の能力」に最大の関心を示した。

　在職のまま研修中の現職教員は、学校および授業レベルでの意思決定の問題に強い関心を示した。第6章「言語学習と言語指導」と第8章「言語の多様性とカリキュラム」の考え方は、彼らにとって最も貴重なものだった。

　3つのグループの関心の共通点も明らかになった。到達指標と「Can-doリスト」を提示している第3章「共通参照レベル」はすべての学生が最も強く興味を持った章ではあるが、自分たちの生徒の90パーセントがB1またはその周辺のレベルに属し、今後もそれ以上にはならないだろうと知って、学生たちは失望した。大半の学生は、第5章「言語使用者/言語学習者の能力」に含まれている能力記述文に対してはわずかな関心しか示さなかった。

第3章　コース設計と教員教育における CEFR

■3回目のサイクル：CEFR の考え方の応用
個々の活動への CEFR の組み入れと新たな評価方法
　3回目のサイクルは 2001–2002 学年度に実施されたが、これはやや異なる状況の中で行なわれた。ケンブリッジ大学出版局による CEFR の出版や、ワルシャワ大学外国語学部を含めた様々な教育機関においてクラス分けや卒業時の能力試験の際に CEFR のレベルが導入された結果、学生の CEFR に対する意識が変わったのである。

### 統　合
　今回は、最若年の学生グループに対する手順を除けば、2回目のサイクルの中で用いた手順で十分と思えた。最若年のグループに関しては、コースの他の部分にも CEFR の範疇をさらに組み込む必要があった。すべてのグループにとって、授業の内容に限らず、学生の個人研究や学生が受ける評価についても、状況の変化による影響が現れるだろうと思われた。
　過去のサイクルでは、教員養成大学の最若年学生は、教師の視点というより学習者の視点でものを考えたい様子だった。これは、試験の点数で単位を取る方法から、自己プロフィール（self-profile）の形で内省を基盤にした課題へと移行するためのよい出発点であった。各学生が行なう自己分析には、CEFR で紹介されている範疇に基づき、これまで受けてきた教育の背景と自己の英語教育の履歴を含めることになった。
　学生たちは、特定の授業の中で紹介された見地について意見を加えながら、ポートフォリオの形で自己の学習歴をまとめるように求められたが、中には学期の終了間際にこれを準備しようとする学生もいた。彼らの成績は、分析に加えられた範疇の数と分析の深さ（長さは問題にしない）、そして英語以外の外国語に関する学習歴を追加で加えるか否かによって決まった。
　1学期の教授法コースを履修する5年制修士課程の学生たちは、コースに関係する予め選ばれた12のテーマのうち1つについて小論文を書くことになっていたが、この論文を関連する CEFR の範疇と結び付けるという追加の課題が与えられた。2つ以上のカテゴリーが当てはまる場合は、すべてのカテゴリーを含めてもよいし、1つの範疇だけに集中してもよいとした。

## 2. 教員養成と現職教員研修における CEFR

　学外の修士課程に所属する現職教員は、以前は期末試験に基づいて単位を取得していたが、2回目のサイクルでは学習者の視点よりむしろ教師の視点を取るほうを好むようだった。そこで、彼らの試験を変えることにした。それは最若年の学生の評価法の変更にほぼ沿う形であるが、授業の1クラスを選んで、CEFR に提示されている範疇に従い、自己の指導状況を分析する方法をとるというものであった。彼らはまた、授業の中で紹介された様々な見地について意見を述べるという新たな部分を取り込んだポートフォリオの形で分析をまとめるように求められた。彼らの成績は、最若年学生の場合と同様、分析に加えられた範疇の数と分析の深さによって決まった。自分の生徒の一人を対象とした事例研究と、その分析の結果望ましいと考えられる指導を追加の要素として取り入れた学生に対しては、最高点が与えられた。

　3グループすべての学生の反応は大変好意的であったため、CEFR を教員養成と現職教員教育の内容に組み入れることをねらいとしたこのような研究は、現在も継続している。CEFR のポーランド語訳書籍が書店に並ぶ頃には、必要があればさらに変更が加えられることになるだろう。

■ 結　び

　これまでの経験から明白になったことは以下の通りである。

- CEFR は、教員志望者が個人的に研究しようとする場合には特に使いやすいとは言えない。そこで、教員研修担当者が討議の前にミニ講義式のプレゼンテーションを行なえば、CEFR の導入がずっと容易になるだろう。事前の講義によって、CEFR の考え方を明確にしたり、専門用語の用法を解説し、外国語教授法に関する大多数の文献とは異なる使われ方について説明したりすることができる。
- 個人研究は時期を遅らせ、学生の課題や評価と組み合わせるのがよいと言える。
- 教員養成課程に所属する教員志望学生にとって、学習者の視点で CEFR の考え方を考察することが有益だと思われる。それは、自身の現在および過去の外国語教育の過程を振り返り、自身の学習の成果を分析し、自身の学習が以下によってどのように影響されたかを振り返ることによっ

――教員の役割
――教員が用いる教授法と指導技術
――学校における評価の機能
――自身の学習方略
・研修中の現職教員は、教員の視点に立ち、CEFR の範疇を用いて以下のことを行なえば益が大きいと思われる。
　a. 特定の学習者のプロフィールを作成し、その長所と欠点を次の点について考察する：
――能力
――言語活動
――学習方略
――到達したレベル
次に今後の決定を示し、その正しさを証明する。
　b. 以下に関する将来の決定を射程に入れながら、1 グループの学習者を対象として事例研究を行なう：
――用いるカリキュラムの概要
――到達すべきレベル
――重視すべき活動
――導入すべきタスク
――訓練 / 維持すべき学習方略
・学位取得と並行して教員資格を取得することを決意した学術課程の学生たちにとっては、実際に履修する学術コースの内容に CEFR の範疇を応用することが役に立ち、授業中の討議においても小論文作成においても収穫が大きいと考えられる。

　しかしながら、CEFR の特定の章で討議された問題の重複や、読者をしばしば混乱させる専門用語に関わる部分で、困難が生じると思われる。困難が乗り越えられないほどのものである場合にも、教員研修担当者はCEFRのレベルと到達指標を取り入れることができる。なぜならそれらは、「Can-do リスト」を通して、学習者の視点を取る者に対しても教員の視点を取る者に対しても、確実に CEFR の価値を示してくれるからである。現在まで

でこれが CEFR の中で最もよく知られている部分である理由がこのためであるのは、間違いなさそうである。

〈注〉
ポーランドには、複数の教員養成、現職教員教育の手段がある。
  a. 学士号と教員資格を授与する、言語学＋教員教育の3年制の大学課程コース。university college と呼ばれる（本アクション・リサーチの第1グループ）。
  b. 言語学学士号を授与するが、教員資格は与えられない3年制の言語学課程コース。
  c. 卒業時に教員資格のための免許状は授与するが、学士号を与えない、大学が指導責任を取る高卒者対象の3年制教育課程コース。Local Education Authorities college と呼ばれる。
  d. 修士号取得と並行して、教員資格に通じる選択制の教員養成科目を用意した、5年制の言語学修士課程コース（本アクション・リサーチの第2グループ）。
  e. 現職教員で3年制学士課程修了者を対象とした、フォロー・アップ修士課程プログラム（本アクション・リサーチの第3グループ）。

〈参考文献〉

Council of Europe. 1996. *Common European Framework for Language Teaching and Learning.* 1996. Strasbourg: The Council of Europe.

Council of Europe. 2001. *Common European Framework of Reference for Languages: Learning, teaching, assessment.* Cambridge: Cambridge University Press. 次のサイトからダウンロードも可能 <http://www.coe.int/t/dg4/linguistic/Cadre1_en.asp>

Council of Europe. 2003. *Europejski system opisu ksztatcenia językowego: uczenie się, nauczania, ocenianie.* Warszawa: Wydawnictwa CODN.

Komorowska, H. 2002. 'The Common European Framework in Poland' in *Common European Framework of Reference for Languages: Learning, Teaching, Assessment. Case Studies.* Strasbourg: The Council of Europe Publications.

第 3 章　コース設計と教員教育における CEFR

〈著者〉
**Hanna Komorowska**
ワルシャワ大学イングリッシュ・インスティチュート応用言語学科教授。体制転換後のポーランドの外国語教育と教員教育のための専門委員会委員長、欧州評議会の現代語部門の専門委員会ポーランド代表、ポーランド教育省のヨーロッパ言語ポートフォリオのためのコンサルタントを務める。EFL 教授法、言語テスト、教員教育の分野に多数の著書がある。

第 4 章

学習者ができることを
明らかにすること

# 1. 診断型テストを通じて言語学習を促進するための CEFR の利用

アリ・フフタ（Ari Huhta）
ネウス・フィゲラス（Neus Figueras）

■ 概　要

　ダイアラング（DIALANG）は診断型の言語評価システムで、ヨーロッパの14言語に対応し、インターネットで利用できる。このシステムは、学習者の熟達度における優れた点と不十分な点についての様々なフィードバックと、さらなる学習のためのアドバイスを提供する。また、言語学習や熟達度の様々な側面に対する利用者の認識を高めることをねらいとしている。本稿では、このシステムがどのようにヨーロッパ言語共通参照枠（Common European Framework of Reference for Languages、以下 CEFR と略す）と関連し、ヨーロッパにおける言語学習および言語教育をどのように支援しようとしているかについて述べる。

■ ダイアラングとは何か

　ダイアラングとは、ヨーロッパの14言語に対応した診断型の言語評価システムで、インターネットを使って無料で利用できるものである。これは、欧州連合のソクラテス・プログラム（LINGUA Action D）による財政支援のもと、ダイアラング共同研究者たちによって開発された。共同研究者の詳細およびこの評価システムへのアクセスについては、ダイアラングのウェブサイトで確認することができる。

　ダイアラングのシステムにおける「診断」は、とても一般的な言葉で行なわれる。このテストが言語学習者に対してフィードバックするものは、学習上の問題についての「治療的」診断というよりは、学習者の熟達度における優れた点と不十分な点に関するものである。ダイアラングによる診断は特定の講座やカリキュラムに直接関わるものではなく、むしろ CEFR

で示された言語の熟達度に関する詳細な記述に基づいている。

## ねらい

このプロジェクトは様々な利用者（学習者、教員、教育機関、行政など）に CEFR の理念と内容を広めるために計画された。CEFR の最初の草稿（1996）は重要な文書と受け取られたが、同時に複雑で使い勝手のよくないものと見なされた。ダイアラングのねらいは、ヨーロッパにおける言語能力の評価のための透明性のある枠組みを作成する上で、CEFR の利用可能性を示すことであった。

ダイアラングの共同研究者たちは、CEFR のように透明性があり、開かれていて、革新的で、かつ、様々な利害関係者たちが置かれた多様な状況において親しみやすく、受け入れやすいシステムの開発を目指した。診断型テストはこれらの目的を最もうまく統合できると思われた。つまり、CEFR の主要な特徴を組み込むのに適しており、資格証明を目的とする試験とは違って学習者に対して決定的な判断を下さないという点で、身構えずに受けることができるものなのである。さらに、単に紙版のテストをコンピュータ上で行なう以上のものを学習者に提示するという点において、革新的な情報技術を利用する機会を提供した。

## ■ CEFR の利用

本稿では、CEFR（1996 年版）がどのようにダイアラングに適用されたかについて概観する。詳細に関しては、CEFR（2001）の付録 C, および Huhta, Luoma, Oscarson, Sajavaara, Takala, and Teasdale（2002）を参照してほしい。

CEFR 利用者の便宜のために、本稿には CEFR がどのように用いられたかという情報だけでなく、評価システムの開発に際して CEFR が内容面で不足していた点に関する議論も含まれている。まず、このシステムの計画段階について述べ、次に自己評価とフィードバック部門の開発について説明する。

### ダイアラングの枠組みと細目

ダイアラングの評価の枠組み（DAF）はシステムの理論的枠組みを明確

にし、ダイアラングの評価の細目（DAS）はこの枠組みによって具体的なタスクがどのように作成されたかについて説明している。この評価の枠組みはCEFRに直接基づいているのに対して、評価の細目はCEFRを活用してはいるものの、内容の多くは他の資料に依拠している。

　評価の枠組みにはCEFRと関連する内容の要点がまとめられ、6段階の参照尺度、コミュニケーション・タスクと目的、テーマと特定の概念、活動、テキスト、そして機能が含まれている。また、ダイアラングのテスト問題作成者のために、これらのカテゴリーについての詳細なリストも提供した上で、欧州評議会のWaystage, Threshold, Vantageという各レベルの出版物から抜粋された題材が付け添えられている。

　このように、ダイアラングの評価の細目はCEFRに部分的に基づいたものとなっている。その理由は、テスト問題作成の指針には、CEFRにはない特定の情報が必要となるからである。

　CEFRはテストの対象となる言語の使用場面、機能、話題を明確にする上で大変有益なので、ダイアラングのテスト問題作成者に対して、これらのカテゴリーをひととおり扱っているかどうかを確認するためのチェックリストが提供された。しかし、テスト問題の作成過程や実際のテストタスクの記述のためにCEFRを使用することはできなかった。その代わりに、プロジェクトでは関連する言語テスティングの文献を活用した（例えば、Alderson et al. 1995）。

## CEFRの限界

　タスクの難易度とテキストの種類に関しては、このプロジェクトはCEFR以外のものを参照しなければならなかった。CEFRはテキストの特徴や応答のタイプといった難易度のいくつかの側面について言及していたが、これらはタスクの難易度の部分的な説明に留まっていた。CEFRはまた、書き言葉や話し言葉のテキスト（本、雑誌、アナウンスなど）に関する様々な資料をリスト化しているが、テキストについてさらに詳しく特定するために、このプロジェクトではWerlich（1988）が提唱したテキスト構成の類型を参照した。

　ダイアラングのテストが取り上げようとしていた領域や下位技能の細目も、CEFRに基づいたものではなかった。例えば、「主要な点を理解するこ

と」「特定の詳細な点を理解すること」「推論すること」といった観点からリーディングやリスニングを定義する際には、他の資料に基づいて決定を行なった（下位技能に関するフィードバックの例については次のセクションを参照）。

　最後に、CEFR には語彙や文法のテストの基盤としてそのまま使えそうな材料はほとんどなかった。したがって、このプロジェクトでは語彙や文構造に関する言語別の細目を策定する必要があった。

### CEFR の貢献

　しかし、CEFR はダイアラングの評価システムにおける最も重要な構成要素の中の 2 つの部分の開発においてきわめて重要であった。その 2 つとは、自己評価とフィードバックである。

〈自己評価〉

　何よりもまず、CEFR を採用することにしたおかげで、プロジェクトは自己評価の仕組みを開発するまたとない機会を得ることができた。その理由は、North（1995）の研究には英語の熟達度に関するかなりの数の能力記述文が含まれており、これらは予備調査され、妥当性が検証され、難易度判断の基準となるものだったからである。ダイアラングは CEFR から多くの能力記述文を選び、自己評価用に調整した。この際に、学習者のために簡略化したものもある。

　次のものは、A2（Waystage）レベルの能力記述文を簡略化した方法の例である。

> CEFR：日常的に、または仕事でよく用いられる言葉で書かれた、具体的で身近な事柄に関する短くて簡単な文章を理解することができる。

これは 2 つの文に分けてよりわかりやすくした。

> ダイアラング：日常的によく用いられる言葉で書かれた、短くて簡単な文章を理解することができる。

第4章　学習者ができることを明らかにすること

　　ダイアラング：自分の仕事に関係する短くて簡単な文章を理解することができる。

　また、数は少ないが、新しい能力記述文が作成された（例えば、ライティングにおいて）。これは CEFR (1996) の能力記述文が熟達度のすべての側面やレベルを網羅していなかったためである。

　修正された英語の能力記述文は 13 か国語に翻訳された（開発プロセスの詳細については、www.dialang.org および Huhta et al. (2002) を参照）。翻訳版の能力記述文はテスト問題とともに予備調査され、統計的に分析され、自己評価の仕組みの中に取り入れられた。この自己評価は利用者が言語テストを受ける前に行なうものである。自己評価の各パートには 18 の能力記述文がある。

〈フィードバック〉
　ダイアラングのフィードバックの開発において、CEFR からの情報が最も広く使われたのは熟達度のレベルを示す記述を含むセクションであった。つまり、テストの結果表示、自己評価のフィードバック、そしてより詳細なレベル記述文がそれに当たる。しかし、すべてのフィードバックの背景にある教育的な方針や意図においても CEFR の影響が見られる。

　ダイアラングのねらいは、利用者が自分の優れた点と不十分な点を分析し、さらなる言語学習を計画したりできるようになるための情報を提供することにある。したがって、利用者に対して次のような多様なフィードバックを行なっている。

1. 利用者は自分が選択した技能においてレベルという形でテスト結果を得る。
2. 利用者がテスト前に回答した自己評価とテスト結果が異なるときは、利用者にその旨が知らされ、この不一致の理由として考えられることについての説明を見ることができる。
3. 利用者は自分が受けたすべてのテストタスクを見直すことができる。
4. 利用者は自分の熟達度のレベルに関するさらに詳細な記述を見ることができ、技能を向上させる方法についてのアドバイスを得ることができ

1. 診断型テストを通じて言語学習を促進するためのCEFRの利用

る。

CEFRは次のすべての領域において大きな影響を与えている。

1. ダイアラングのテスト結果は、欧州評議会の6段階の尺度で通知される。各レベルの名称はCEFRのものとまったく同じで、A1, A2, B1, B2, C1, C2で表示される。各レベルの記述はCEFRの各段階のものをそのまま使用している（CEFR 2001の付録Cを参照）。
2. 学習者の自己評価とテスト結果の比較を含めたフィードバックもCEFRの尺度に基づいている。自己評価の仕組みにおいてCEFRの能力記述文がどのように用いられているかについては、上記の通りである。しかし、もしCEFRの尺度がなく、自己評価の記述文とテストタスクの両方をこの共通尺度で関連づけるということがなければ、自己評価とテストでの言語運用を比較するという考え方は可能ではないだろう。
3. CEFRの6段階レベルについてのさらに詳しい記述が提供されている。具体例については、「アドバイスのフィードバック」(p. 110の図6、およびCEFR 2001の付録C) を参照されたい。これらの記述は各レベルにおける特徴的な理解や産出について詳しく説明している。
4. 詳細な記述に加えて、フィードバックのパートでは、自分の技能の伸ばし方に関する利用者へのアドバイスも含まれている。アドバイスの内容は、CEFRにおける言語学習と教授法、学習スキル、方略のセクションに基づいているものもある。
5. 最後に、自己評価とテスト結果の間に不一致がある場合に考えられる理由の説明がCEFRによって可能となる。これは、言語学習者が自らの学習における様々な側面についての認識を高めることを促すものとなる。この説明は学習者が自分の熟達度に対する認識を向上させることをねらいとしており、そこには異なる目的のための熟達度レベルや適切さに対する見方、言語使用と言語学習に関わる様々な要因についての見方も含まれる。しかし、このセクションにおける具体的な内容のほとんどはCEFR以外の資料に基づいている。

## ■学習者育成の手段としての自己評価とフィードバック

　学習者の育成という概念は新しいものではない。中国の古いことわざに次のようなものがある。「人に魚を1匹与えれば、1日食いつなげる。魚の取り方を教えれば、その人は一生食べていける」。

　学習者の育成に関する文献は1970年代にさかのぼる。この分野の出版物では、「優れた言語学習者になるということ」（Rubin 1975; Naiman et al. 1978）、「自律学習」（Holec 1980）、「学習方略——どのように教えられ、身につけるのか」（Oxford 1990; O'Malley and Chamot 1990; Ellis and Sinclair 1989）といった重要な話題を扱ってきた。「学習者の認識」（van Lier 1996）や「自己評価」（Oscarson 1997; Kohonen 1999）などのテーマも注目されてきた。しかし全体として、この分野の研究は、その基礎を成す理論的な原理の面ではその重要性にふさわしい注目を浴びてこなかった。だが、CEFRのおかげでこの状況は変化してきた。というのは、上記に引用した文献で議論されてきた多くの話題を、CEFRが理にかなった手法でまとめることになったからである。

　ダイアラングは、様々なオンライン題材や十分な検討に基づいて開発された自己評価とフィードバックのシステムを利用できるようにすることで、自立学習を促進し、言語がどのように学ばれるのかということについての学習者の認識を高めることを目指している。これは診断型テストを新しい角度から見ることを示唆し、本稿の導入部分で述べた「治療的」診断を越えて、言語能力やテストでの言語運用についての学習者自身の判断にきめ細かい焦点を当てることを意味していた。

**自己評価と自己認識**

　ダイアラングの重要な特色のひとつは、学習者の自己認識を高めることをねらいとしている点である。これは今日では言語学習における重要な要素と考えられている（O'Malley and Chamot 1990; Oxford 1990; Oscarson 1997）。

　ダイアラングは利用者の自己認識をどのように高めるのか。これには3つの方法がある。

1. 自己評価という行為は、学習者が自分の優れた点と不十分な点を振り

返るように促す手段にほかならない——学習者は、評価システム（図 1）によって示された自己評価の能力記述文に記されているタスクができるかどうかを判断しなければならない。ダイアラングにおける自己評価は単にテストというだけでなく学習のツールでもある。
2. 自己評価とテスト結果が合っているかずれているかというフィードバックによって、学習者はこの 2 つの関係を知ることができる。
3. 学習者はこのズレについて考えられる理由を探ることで、自分の能力、言語の熟達度に対する見方、言語テストに対する見方、そして言語学習に関連する可能性のある他の要因についてさら振り返ることができる（p. 108 の図 4）。

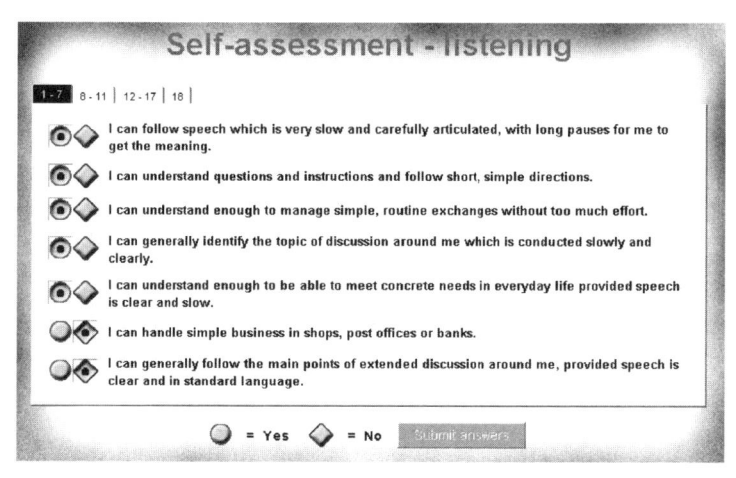

図 1　ダイアラング自己評価の能力記述文の例

## ダイアラングとヨーロッパ言語ポートフォリオ

　ダイアラングの自己評価のシステムは、現在では開発当初に比べてよりいっそう重要なものとなっている。というのは、CEFR の能力記述文に基づいて自己評価をすることが、ヨーロッパ言語ポートフォリオ（European Language Portfolio, 以下 ELP と略す）において重要な要素となっているからである（www.coe.int の Modern Languages の項目、および本書の 2.1 を参照）。

　ダイアラングはまた、ELP における 2 つの主要な機能を持っている。そ

れは報告機能と教育的機能である。利用者は自分の言語レベルをCEFRの能力記述文に照らして考える必要があるので、ダイアラングの自己評価は彼らにとって有益である。同様に、利用者はELPにおいて自分ができることとできないことを報告しなければならない。自己評価は自律学習を促進し、学習者に自らの学習を管理させ、学習プロセスへの認識を高めさせるとも言われている (Oscarson 1990)。これらはすべてCEFRに見られるものである。

　上記のことを達成するのは、学習者自身にとっても、彼らを支援しようとする側にとっても、容易なことではない。自己評価は簡単なことではないし、CEFRの能力記述文を用いることは、自己評価のトレーニングを受けたことがない利用者や、自己評価そのものに関心がない利用者にとっては負担が大きすぎるかもしれない。初等教育や中等教育のレベルにおいてELPの活用を広めることによって、ヨーロッパの学習者は学習と評価に対するこのようなアプローチへの認識を高めることになるだろうと期待されている。

**フィードバック部門**

　ダイアラングのフィードバックは、CEFRとELPの背後にある理念とも関連している。第一に、学習者を支援するような形でテスト結果が通知され、教育的効果をもたらすように設計されている。第二に、異なる学習状況に置かれた利用者がそれぞれ恩恵を得られるように、フィードバックにはいろいろな種類がある。フィードバックはおそらくダイアラングの最も革新的な特徴なので、詳しく紹介する。

　学習者は、テスト中の1問ごとの結果（正解・不正解）の確認も含めてダイアラングでの評価を一通り済ませると、次の5つの種類のフィードバックを受ける。

1. CEFRにおける熟達度レベル
　　学習者のテスト結果はCEFRのレベルで表示され、そのレベルでできることが合わせて示される（図2参照）。

1. 診断型テストを通じて言語学習を促進するための CEFR の利用

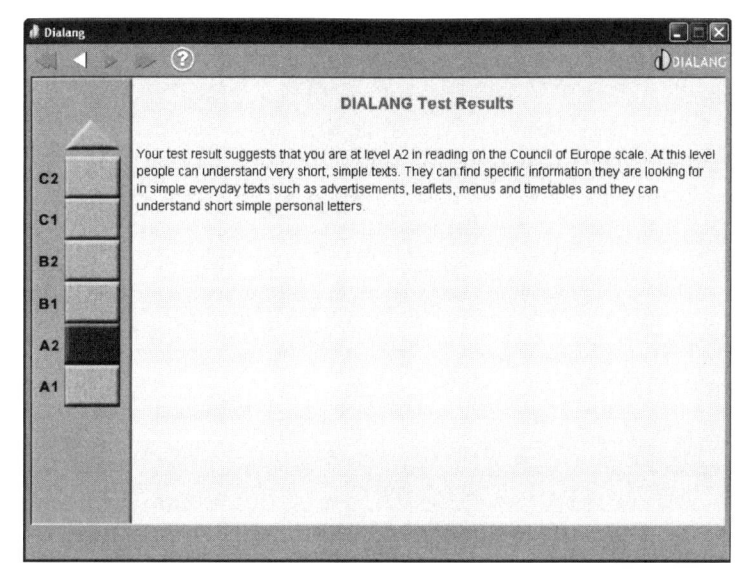

図2 ダイアラングのテスト結果画面（リーディングの A2 レベル）

2. テストタスクの見直し

　学習者は自分が解答したテストタスクをもう一度見ることができる。テストタスクは正解・不正解に基づいてグループ分けされ、さらに下位技能に分類された形で提示され（図3参照）、学習者はより詳しい情報を得ることができる。学習者が各問題のタブをクリックすると、自分の解答と正解例をチェックすることができる。

3. 自己評価とテスト結果の照合

　学習者が自己評価の能力記述文に回答していれば、自己評価がテスト結果と合致しているかどうかという情報を得ることができる。この照合は CEFR のレベルで表示される。自己評価とテスト結果にズレがある場合は、その考えられる理由についての説明を見ることもでき、自分に当てはまる理由を確認するよう促される（図4）。

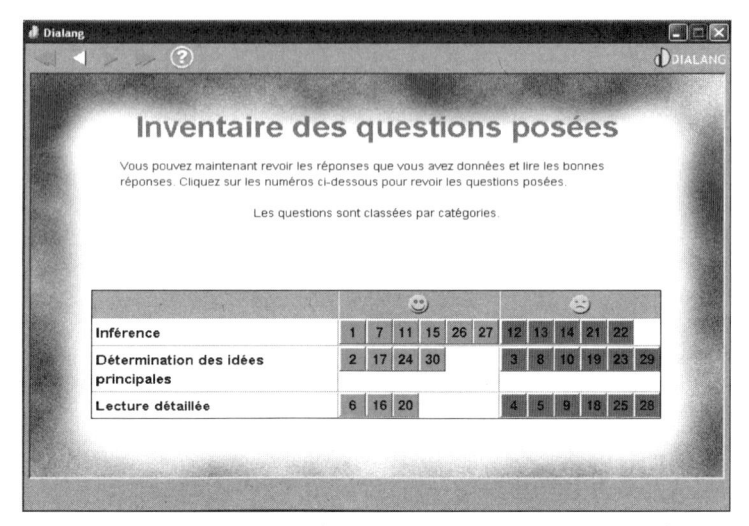

第4章　学習者ができることを明らかにすること

図3　テスト問題見直し画面（フランス語表示によるリーディングテスト）

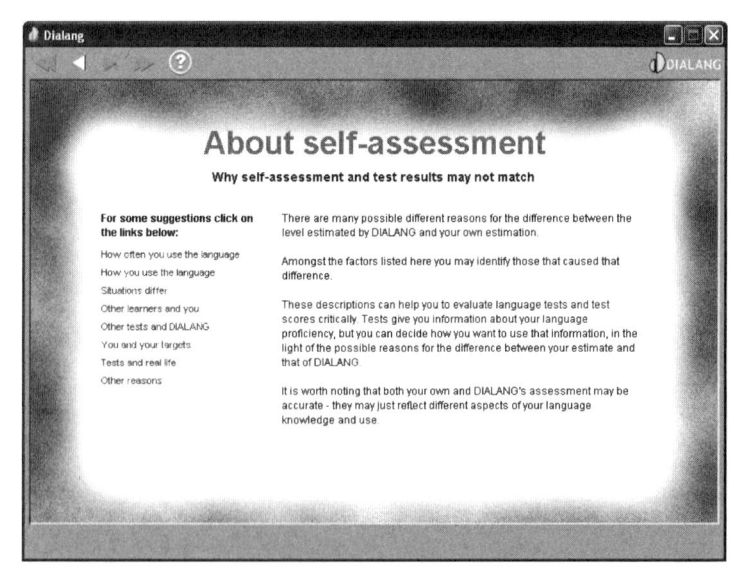

図4　自己評価とテスト結果のズレについて考えられる理由を説明する導入画面

## 1. 診断型テストを通じて言語学習を促進するための CEFR の利用

認識を高めるフィードバックで CEFR に言及している例が「他のテストとダイアラング」という項目（図 4 の左側）にあり、それを以下の図 5 に示す。

---

ダイアラングと他の国際的な言語テスト

　いくつかの言語において、学習者は国際的な言語テスト、つまり多くの国で実施され認められているテストを受けることができる。学校でのテストや国内でのテストと同様に、国際的なテストの中には欧州評議会による 6 段階の尺度のような国際的な基準におけるレベルを示してくれるものもある。しかし、テスト作成者が示している段階の意味がどういうものかということに注意しなければならない。中には、欧州評議会の尺度で用いられている能力記述文に類似したものを用いてテスト結果を通知しているものがあるが、これらはどの程度同じで、どの程度異なっているのか。

　また、国際的なテストの中にはある職業や分野に特化したものがあり、これらはダイアラングと単純に比較することはできない。

---

図 5　自己評価のフィードバックにおける認識を高める情報の例

4. ダイアラングのテストセッションの冒頭で、利用者は任意で語彙サイズのプレイスメントテストを受けることができる。スコア（0〜1000）とともに、その解釈の仕方に関する説明が表示される。例えば、次のような説明である。

　　このスコアレベルの人は基礎的な語彙力が十分あるが、母語話者向けのものに対応するには困難を覚えるかもしれない。

5. アドバイスのフィードバック。このセクションでは、学習者はダイアラングによって評価された熟達度のレベルと、隣接するレベルに関する追加情報を得ることができる（図 6）。これにより、学習者は CEFR の尺度において自分がどの位置にいるのかをより明確に知ることができる。先に述べたように、これらの記述は CEFR に基づいている。アドバイスのフィードバックには 1 つ上のレベルに上がるための助言も含まれている（図 7）。

第4章　学習者ができることを明らかにすること

|  | A1 | A2 | B1 |
|---|---|---|---|
| 理解できるテキストの種類 | とても短くて簡単なテキスト、短くて簡単な描写、特に絵を含んでいるもの<br><br>短く簡単に書かれた指示<br>(例: 短くて簡単な葉書、簡単な掲示) | 身近で具体的なことに関するテキスト<br><br>短くて簡単なテキスト<br>(例: 形式の決まった個人的な手紙や仕事上の手紙およびファックス、日常生活におけるほとんどの看板や掲示、イエロー・ページ、広告) | 関心のある分野に関係した話題について、わかりやすく、実際の出来事について書かれたテキスト<br><br>日常生活の題材<br>(例: 手紙、パンフレット、短い公的文書)<br><br>身近なことについてわかりやすく書かれた新聞記事や出来事の描写<br><br>明瞭に書かれた論説文<br><br>感情や希望が書かれた個人的な手紙<br><br>機器の使用説明で明瞭に書かれたもの |
| 理解できること | 身近なものの名前、単語、基礎的な句 | 短くて簡単なテキストを理解できる。<br><br>簡単な日常生活の資料の中から特定の情報を見つけられる。 | わかりやすい、事実を述べている言語を理解できる。<br><br>明瞭に書かれた一般的な論説文を理解できる(必ずしもすべての詳細ではない)。<br><br>わかりやすい指示文を理解できる。<br>日常生活の資料の中から必要な一般的情報を見つけられる。<br><br>1種類の長いテキストまたは複数の異なるテキストの中から、特定の情報を探し出す。 |
| 条件と制限 | 句ごとに、テキストの部分的な読み返し | 主に、よく用いられる日常語や自分の仕事に関係する言葉に限られる | わかりやすいテキストにおいて、主要な結論を把握し、議論の流れを追う能力 |

図6　CEFRのレベルの拡張記述。これはA2とその下(A1)、その上(B1)のレベル間にあるいくつかの重要な違いを示している。

> 次の提案は B1 を目指す上で役立つかもしれない。
> ——読む分野やテキストの種類を増やしなさい。英語の新聞や雑誌を見るときに、関心のある記事の中でより難しいものを 1 つ 2 つ読むようにするとよいでしょう。必要があれば辞書を使ってもかまいません。
> ——論証や説明、そして感情や希望を伝える表現において用いられる特定の英語表現や語句に特に注意を払いなさい。
> ——テキストの要点の把握にとどまらず、その詳細を理解するようにしなさい。役に立ちそうで覚える価値がありそうな表現を書きとめるためにノートを手元に置きなさい。
> ——英語でたくさんのものを読むようにしなさい。既に英語をかなり読めるようになっていますが、読む力をさらに伸ばすためには、定期的にたくさんのものを読んだり、時にはより難しいものを深く読んだりすることが必要です。

図7　英語のリーディングテストを受けた利用者に対する A2 から B1 レベルへのリーディング力向上のアドバイス

まとめると、ダイアラングのフィードバックの特徴は以下のようになる。

1. 利用者に優しく使いやすいものである。一般向けに書かれ、14 の言語で利用できる。
2. CEFR に基づいており、国際的で、比較可能な透明性のある尺度に準じている（特に、テスト結果と自己評価のフィードバック）。
3. 迅速で状況に合っている。テストあるいは各タスクの直後に提示される。テストやタスク、あるいは同じセッションで行なわれる自己評価と関連している。
4. 多様性がある。具体的なテストタスクから、熟達や学習についてのより抽象的な概念まで幅広く扱っている。
5. 任意でありモジュール型である。利用者はどのフィードバックを読むか、どの程度時間をかけて読むかということを自分で決めることができる。

■ 教訓と展望

利用者はダイアラングのシステムとそのフィードバックをどのように評価しているのだろうか。反応を見ると、学習者、教師、そして教育機関も同様に、ダイアラングがテスト受験者の結果を国際的な尺度になりつつあ

第 4 章　学習者ができることを明らかにすること

る CEFR のレベルで通知している点を有益だと考えている（さらなる情報は www.dialang.org を参照）。

　このシステムは異なる状況での熟達度の比較を可能にし、例えば、クラス分けの際にも役に立つ。さらに、CEFR に基づく熟達度を表す能力記述文は、多くの学習者が言語テストから得る単なる数値よりははるかに有益なものである。レベルという観点から熟達度を考えるという概念自体が多くの教育場面において新しく映り、ダイアラングは CEFR とそのレベル、および CEFR の言語観を知るための具体的な手段を提供している。

　このように、ダイアラングに対する最初の反応は肯定的なものであり、多くの利用法が確認されている。とはいえ、ダイアラングを最大限に活用するまでにはまだ時間がかかるであろう。しかし、これは驚くにあたらない。1980 年代に Henri Holec は、学生が自律するように育成することの重要性を主張し、自律学習の能力を向上させることの難しさを指摘した。自律するということは自己啓発と発見の長いプロセスである。そして、ダイアラングを使用する学習者に対するさらなる教育的サポートを与えるとよいだろう。（教師による）対面形式の指導や、特定の教材によるサポートがあれば、学習者が再度ダイアラングを受験することにつながるかもしれないし、それによってダイアラングの仕組みや理念への理解が一段と深まることになる。

　1999 年以来、このシステムを様々なフォーラムで紹介してきたが、ヨーロッパ全土にわたって、教師、学生、行政、さらにテスト関係者までもが、フィードバックがほとんどない状況に甘んじるという危うい傾向にあるのを目の当たりにしてきた。「インターネットで迅速に手際よく配信され、結果が CEFR のレベルと関連づけられているよい問題、それこそが私たちに必要なものだ」。

　もちろんダイアラングはこれを実現しているが、これがその主要目的ではない。もしこれだけに留まるならば、それは利用者に食べ物を提供するだけで、利用者が自らの力で食べ物を得られるようになることを教えるものとは言えない。テスト問題の正解だけを求め、何問正解し、何問不正解だったかを見るだけではもはや十分ではない。ダイアラングのようなシステムが、例えば ELP の普及とあいまって、診断型テストにおいてさらに一般的なものとなり、学習者が自らの学習にさらなる責任を負えるように振

り返りや自己評価ができる力を徐々に伸ばすことに貢献することが望まれる。自らの学習に対する責任こそが、多言語、複言語のヨーロッパにおける市民にとって必要なツールなのである。

　最後に、CEFR の使用について 2 つの考えを述べる。1 つ目は、CEFR は有効であり、言語力評価の分野において利用価値のあるものだということをダイアラングが証明しているということである。2 つ目は、ダイアラングに関する反響、それが学生からであろうと、教師からであろうと、その分野の専門家からであろうと、そこから見えることは、CEFR の理念とレベルの普及に既に確かな貢献をしてきているということである。


〈参考文献〉
Alderson, C., C. Clapham, and D. Wall. 1995. *Language Test Construction and Evaluation*. Cambridge: Cambridge University Press.
Council of Europe. 2001. *Common European Framework of Reference for Languages*. Cambridge: Cambridge University Press.
DIALANG. website: www.dialang.org.
Ellis, G. and B. Sinclair. 1989. *Learning to Learn English*. Cambridge: Cambridge University Press.
Holec, H. 1980. *Autonomy and Foreign Language Learning*. Strasbourg: Council of Europe.
Huhta, A., S. Luoma, M. Oscarson, K. Sajavaara, S. Takala, and A. Teasdale. 2002. 'DIALANG——A diagnostic language assessment system for learners' in J. C. Alderson (ed.). *Common European Framework of Reference for Languages: Learning, Teaching, Assessment. Case Studies*. Strasbourg: Council of Europe.
Kohonen, V. 1999. 'Authentic assessment in affective foreign language education' in A. Jane (ed.). *Affect in Language Learning*. Cambridge: Cambridge University Press: 279–94.
Naiman, N., M. Frolich, D. Stern, and A. Todesco. 1978. *The Good Language Learner*. Ontario: Ontario Institute for Studies in Education.

North, B. 1995. 'The development of a common framework scale of language proficiency. Based on a theory of measurement'. PhD Thesis. Thames Valley University.

O'Malley, J. M. and A. Chamot. 1990. *Learning Strategies in Second Language Acquisition*. Cambridge: Cambridge University Press.

Oscarsson, M. 1997. 'Self-assessmnet of foreign and second language proficiency' in C. Clapham and D. Corson (eds.). *The Encyclopaedia of Language and Education*. Volume 7. (Language Testing and Assessment). Dordrecth: Kluwer Academic Publishsers: 175–87.

Oskarson, M. 1980. *Approches to Self-Assessment in Foreign Language Learning*. Oxford: Pergamon.

Oxford, R. 1990. *Language Learning Strategies: What Every Teacher Should Know*. New York: Newbury House.

Rubin, J. 1975. 'What the good language learner can teach us'. *TESOL Quarterly* 9: 41–51.

Spolsky, B. 1992. 'The gentle art of diagnostic testing revised' in E. Shohamy and A. R. Walton (eds.). *Language Assessment for Feedback: Testing and Other Strategies*. Dubuque: Kendall/Hunt: 29–41.

van Lier, L. 1996. *Interaction in the Language Curriculum: Awarness, Autonomy and Authenticity*. London: Longman.

Wenden, A. 1991. *Learner Strategies for Learner Autonomy*. London: Prentice Hall.

Werlich, E. 1988. *A Student's Guide to Text Production*. Berlin: Cornelson Verlag.


〈執筆者〉
**Ari Huhta**
フィンランドの Jyväskylä 大学の応用言語学研究センターの研究員。専門は外国語および第二言語の評価で、その分野の国内および国際的な研究開発プロジェクトに従事。1996–7 年のダイアラング・プロジェクトの発足当初からのメンバー。

## Neus Figueras Casanovas

カタロニア（スペイン）の地方教育省に勤務し、成人向けの7か国語の言語資格テストの計画、開発、実施に従事。EFL 環境での教授法、テスティング、スペインおよびヨーロッパでの教員教育に関する著書多数。ヨーロッパの数々のプロジェクト（Speakeasy, Dialang, Ceftrain）に参加。また、'Manual for relating examinations to the CEF' を開発するために欧州評議会に委託された作成グループのメンバーの一人。

# 2. 評価、試験、講座を CEFR に関連づけること

ブライアン・ノース（Brian North）

■概　要

本稿は、ヨーロッパ言語共通参照枠（Common European Framework of Reference for Languages、以下 CEFR と略す）の能力記述文が実用的で便利なツールとして次のように活用できることを示そうとするものである。

- 講座、評価、試験の内容を、CEFR のカテゴリーとレベルに関連づけるため（細目化）
- CEFR の参照ビデオと難易度判断の基準となるリーディング・タスクやテスト問題を用い、CEFR のレベルの標準的な解釈によって教師、評価者、テスト問題作成者をトレーニングするため（標準化）
- CEFR のレベルとの関連を実証的に検証する際に、外部基準の役割を果たすようトレーニングされた教師／評価者による評価の基準を提供するため（外的妥当性検証）

■CEFR の能力記述文

2つの構成要素が CEFR の核を成している。ひとつは言語活動と言語の質を定義する記述体系、もうひとつは共通参照レベルで、これは言語活動と言語の質に関わるできるだけ多くのカテゴリーにおける熟達度を6段階（A1, A2, B1, B2, C1, C2）の尺度で定義しているものである。[1]

　CEFR の開発中に常に重要となっていた考えは、様々な講座内容、評価、試験の概要を明らかにするために、第4章（「言語使用と言語使用者」）と第5章（「言語使用者／学習者の能力」）の能力記述文の尺度を使用することであった。講座内容と評価と試験の相互の関連性を考える上で、直接比較したり、完全に同等であるなどということを主張したりしなくても、CEFR という枠組みを通して関連づけることができるのである。CEFR は

この作業が容易になるように、50近い能力記述の尺度を提供している。その内訳は、異なるコミュニケーション言語活動のための34の尺度、学習者の熟達度を示すための13の尺度である。これらは本書巻末に参照文書5（CEFRの下位尺度）として一覧表の形で掲載してある。

このように多岐にわたる下位尺度の能力記述文が、異なる状況でも同じように解釈され、明瞭で、あいまいさがなく、具体性を備えたものであれば、これらの尺度を用いて評価や試験の概要を明らかにするというねらいを容易に達成することができる。

CEFRの能力記述文は、32に及ぶ教師とのワークショップで開発、検証され、その後、教師が授業で学習者の評価に使用する際の解釈を踏まえて数学的に尺度化された（North 1995, 2000a, 2002a; North and Schneider 1998; Schneider and North 2000）。個別の継続研究が行なわれ、これらの能力記述文が、異なる言語や教育環境においても、そして自己評価で用いられる際にも、比較的一貫性のあるものとして使用できるということが確認された（Jones 2002; North 2002b; Kaftandjieva and Takala 2002）。

■ 評価の比較
異なる評価を関連づける際の根本的な問題は次の事実である。

・評価の仕方が異なれば、通常は異なることをテストしている。
・結果はその特定の評価における達成度という観点から通知される。

この問題を回避する方法としては、英国で「基準志向型評価（standards-oriented assessment）」（Gipps 1994）、米国で「基準に基づく評価（standards-based assessment）」（Messick 1995）として言及されているような評価基準を設定することである。これらの基準は学生のモデル——「実際の学生を特徴づける様々な技能や知識の中から精選された側面を簡潔に記述したもの」（Mislevy 1995: 343）に基づく。CEFRにおける一連の能力記述文の尺度は、このような学生の熟達度のモデルを表している。基準には2つのタイプがある（Messick 1995: 6）。

・内容基準：学習者が知っておくべきことやできるべきことの種類を明確

にしたもの。CEFR の記述体系では、既存のテストの内容基準を明確にしたり、新しいテストのための内容基準を開発したりするための拠り所としての包括的な体系を提供している。この明確化のプロセスは「細目化」と呼ばれる。
- 行動基準：内容基準によって明らかにされた知識や技能の高度な能力を伸ばす重要な段階において、学習者が達成すべき能力のレベルを定義したもの。CEFR の共通参照レベルでは、記述体系における多くのカテゴリーについて明らかにされた重要な段階を包括的に提示している。これは、既存のテストの言語運用基準を明確にしたり、新しいテストのための言語運用基準を開発したりするための拠り所となるものである。言語運用基準の一貫性のある解釈を確保することは「標準化」と呼ばれる。

■ 細 目 化

細目化は、関連する CEFR の尺度を研究し、評価の対象となるものとならないもの、そしてどのようなレベルの達成度が求められるのかを記述するものである。その結果は図 1 の例のような図表にまとめられる。

| 総合的 | リスニング | リーディング | 社交上の会話 | 情報交換 | メモ、伝言、書式 | 社会言語学的 | 語用論的 | 言語構造的 |
|---|---|---|---|---|---|---|---|---|
| C2 | | | | | | | | |
| C1 | | | | | | | | |
| B2+ | | | | | | | | |
| B2 | | | | | | | | |
| B1+ | | | | | | | | |
| B1 | | | | | | | | |
| A2+ | | | | | | | | |
| A2 | | | | | | | | |
| A1 | | | | | | | | |
| 総合的 | リスニング | リーディング | 社交上の会話 | 情報交換 | メモ、伝言、書式 | 社会言語学的 | 語用論的 | 言語構造的 |

図 1　評価構成と CEFR のレベルの関連表

## 2. 評価、試験、講座を CEFR に関連づけること

　これはベルギーで用いられている外国語としてのオランダ語における一連の評価用タスクの概要である。これはテーマごとに関連した技能統合型のモジュール形式に基づいている。[2] リスニング・タスクが1つ、リーディング・タスクが1つ、そしてスピーキング・タスクが2つある。スピーキング・タスクのひとつは情報交換で、もうひとつは社会的状況でのロールプレイである。ライティング・タスクは1つで、前述の情報交換タスクでの情報を書き留めるものである。評価基準は、社会言語的能力（言語の適切さ）、語用論的能力（メッセージの正確さ、流暢さ）、言語構造的能力（正確さ）を反映している。

　CEFRの能力記述文の調査から、評価は基本的にA2レベルであるが、リスニングとリーディングにおいてはもう少し高いレベル（A2＋）が求められていることがわかる。

　「プラス」というレベルは興味深い。A2, B1, B2においては、そのレベルよりもやや高いが、その上のレベルには達していないという場合に、A2＋, B1＋, あるいはB2＋と表示される。6段階のレベル（A1, A2, B1, B2, C1, C2）には質的な変化があるが、あるレベル（例: A2）とそのプラスレベル（例: A2＋）においては、プラスレベルのほうが同じことに対する言語運用がよりよいということを意味している（詳細は、CEFRの英語版pp. 33–36の3.6「共通参照レベルの内容の一貫性」を参照）。これらの「プラスレベル」は、試験で求められる基準や個人のレベルの概要を把握する上で大変役立つ。

### 試験提供者

　CEFRで「該当する」カテゴリーとの関連を示す、このような図表による分析は、細目化の手続きにおいて推奨されるもので、筆者が率いるチームが最近作成した「言語試験をCEFRと関連づけるためのマニュアル」の予備試行版で提案されている（Council of Europe 2003）。[3] 本書巻末に掲載した参照文書1aは、その出版物にある書式A23である。利用者は、試験に関する情報を提供するための様々な書式に記入すること、コミュニケーション言語活動とそこに含まれる言語能力の範囲を考慮しながら手続きに従うこと、そしてその結果をp. 118の図1のような形で報告することが奨励される。

第4章　学習者ができることを明らかにすること

　このマニュアルに定義された厳密な細目化の手続きでは、利用者に対して次の情報を提供することを求めている。

- 試験の全体的な説明
- CEFR との関連における詳細な分析表

〈試験の全体的な説明〉

　試験提供者は、目的、学習者のニーズ、テスト対象とする領域とコミュニケーション活動、使用されるタスクの種類に関する情報、さらにテスト開発や分析のプロセス、採点、評価などの点についての簡単な説明を含めることが求められる。

〈CEFR との関連における内容の詳細な分析表〉

　次に、試験提供者は CEFR の主要なカテゴリーのひとつひとつについて検討することが求められる。まず、様々な「コミュニケーション言語活動」(CEFR の第4章)、次に「コミュニケーション言語能力の側面」(CEFR の第5章) である。使用される書式の種類は図2 (コミュニケーション言語活動用) と図3 (コミュニケーション言語能力用) に示す通りである。

| 口頭でのやりとり | 簡潔な説明／資料 |
| --- | --- |
| 受験者はどのような状況、内容のカテゴリー、領域で能力を発揮することが求められるのか。<br>・CEFR の 4.1 にある表5が参考になるかもしれない。 |  |
| 受験者はどのようなコミュニケーションのテーマに対処できることが求められているのか。<br>・CEFR の 4.2 にあるリストが参考になるかもしれない。 |  |
| 省略 ||
| 口頭でのやりとりの全体的な尺度を読んだ後で、あなたの試験がどのレベルのものかを明確にし、証明しなさい。<br>・CEFR の 4.4.3.1 にある口頭でのやりとりの下位尺度が参考になるかもしれない。 | レベル<br>根拠 (裏づけ資料も含む) |

図2　マニュアル書式 A11 (口頭でのやりとり) からの抜粋

2. 評価、試験、講座を CEFR に関連づけること

| 言語構造的能力 | 簡潔な説明／資料 |
|---|---|
| 受験者はどのような範囲の語彙的、文法的能力を操作できることが求められているのか。<br>• CEFR の 5.2.1.1 および 5.2.1.2 にあるリストが参考になるかもしれない。 | |
| 受験者はどのような範囲の音声能力および正書法の能力を操作できることが求められているのか。<br>• CEFR の 5.2.1.4 および 5.2.1.5 にあるリストが参考になるかもしれない。 | |
| 言語使用の範囲と正確さの尺度を読んだ後で、あなたの試験がどのレベルのものかを明確にし、証明しなさい。<br>• 音声の把握については CEFR の 5.2.1.4、正書法の把握については 5.2.1.5 が参考になるかもしれない。 | レベル |
| | 根拠（裏づけ資料も含む） |
| 社会言語学的能力 | 簡潔な説明／資料 |
| （言語構造的能力に関する質問と同様） | |

図3　マニュアル書式 A20（口頭でのやりとりにおける言語能力の側面）からの抜粋

　図2および図3における左側の欄では、該当する CEFR の表やリストに準拠した質問がある。右側の欄には利用者が簡潔な説明と裏づけ資料を提示することが求められている。裏づけ資料には、該当する CEFR の尺度が他の下位尺度とともに再掲載されることになる。利用者は、当該のテストタスクが CEFR のどのレベルに位置づけられるのかを明確に示すことが求められる。評価対象となる内容に関係する書式だけを用いればよい。

　本稿の執筆時点では、CEFR との関連性を探ろうとするテスト団体の主張は、わずかな例外を除いて、[4] ここに述べた細目化の手続きほど体系的なものになっていないようである。欧州評議会の言語政策部門（Language Policy Division）におけるプロジェクトでよく行なわれることだが、今回のマニュアルは CEFR と関連づけることについての専門的知識の普及を目指し、認識を高めてもらうためのツールなのである。

**語学講座提供者**
　語学学校や出版社は、提供している講座がどのように CEFR と関連す

るか検討したいと考えるかもしれない。ここでの手続きはあまり形式化されていないが、EAQUALS（European Association for Quality Language Services）（www.equals.org）がその会員となっている学校に対して、レベルの体系、評価、証明書の関係を明らかにすることを求めている。以下はこれを行なうためのひとつの方法である。

〈レベル〉
- CEFRの能力記述文の尺度、および本書巻末の参照文書 1a に掲載した CEFR のレベルの要約を参考にしなさい。これにより、異なる段階にある学習者に見られる能力の違いをよりよく理解することができる（CEFR: pp. 33–6; North 2001: 271–309）。
- 講座のレベルが CEFR とどのように関連するかについての考えを明確な形で表しなさい。

〈目標〉
- レベルごとに CEFR の能力記述文をリスト化しなさい——あるいは、レベルごとに能力記述文を提示しているヨーロッパ言語ポートフォリオ（European Language Portfolio）の適切な版から自己評価用チェックリストを利用しなさい（ポートフォリオに関して、詳しくは本書の 2.1 を参照）。
- 個々の能力記述文が意味する言語タスク、機能、文法構造、語彙の領域を分析しなさい。
- これらが相互に照合できるように、タスクのリスト、機能のリスト、文法構造のリスト、語彙の領域と項目のリストという形にまとめなさい。
- リストに優先順位をつけ、その内容をカリキュラムの文書に組み入れなさい。

これはユーロセンターが英語について内部で行なったプロセスで、その結果は教室での「レベル概要」として出版されている。ゲーテ・インスティトゥート（Goethe Institute）は、ドイツ語のためのさらに体系的なものとして、「ドイツ語プロファイル」（Profile Deutsch）という CD-ROM 版の制作を委託している。

2. 評価、試験、講座を CEFR に関連づけること

〈評価〉
- コミュニケーション言語活動のための尺度（CEFR 第4章）を、評価用タスクの細目を開発するために参考にしなさい。例えば、スピーキングの評価は、発話を維持することと自発的なやりとりの両方を含む必要がある。
- 言語構造的能力のテストのための細目を開発するために、上記の目標に挙げた項目を使用しなさい。

スピーキングとライティングのテストでは、該当するレベルの言語運用の基準、つまり評価基準を定義するために、言語の熟達度に関する CEFR の尺度（CEFR 第5章）を参考にしなさい。これには次のようなものを含めて、いくつかの方法がある。

すべてのレベル
　初級者から上級者までのすべてのレベルが対象となるのであれば、CEFR の参考資料を用いることが考えられる。本書巻末に参照文書4として掲載した CEFR の表3「話し言葉の質的側面」は、口頭テストで使用することができるだろう。この基準の枠組みは、言語使用の範囲、正確さ、流暢さ、やりとり、一貫性について、各段階の能力記述文を提供している。発音に関する尺度（「音声の把握」CEFR p. 117）も利用できるだろう。
　あるいは、異なる種類の評価用タスクのための修正版を用いることもできるだろう。

- 話し言葉でのやりとりのタスクは、CEFR の表3における言語使用の範囲、正確さ、流暢さ、やりとりの観点、および「総合的な話し言葉のやりとり」（CEFR p. 74）を用いて評価することができるだろう。
- 話し言葉での産出のタスクは、CEFR の表3における言語使用の範囲、正確さ、流暢さ、一貫性の観点、および「総合的な発話」（CEFR p. 58）を用いて評価することができるだろう。

　この方法は、「試験を CEFR と関連づけるためのマニュアル」のライティング・タスクにおける評価の枠組みにおいて採り入れられたものである。

## 第4章　学習者ができることを明らかにすること

この枠組みは本書巻末の参照文書6に掲載している。そこにはすべてのテキストに適用される3つの質的基準、つまり言語使用の範囲、一貫性、正確さがある。同様に、すべてのテキストに適用される全体的な尺度として「総合的評価」がある。最後に、タスクで必要となるテキストの種類によって「描写」と「議論」の尺度が適用される。

限定的なレベル

もし、B1からB2というように限定的なレベルを対象とするのであれば、それらのレベルに焦点を当てた評価の枠組みを用い、2つのレベルの間で利用可能な「プラス」レベルを示す能力記述文を活用することが考えられる。また、必要があれば、以下のようにCEFRの能力記述文では該当する定義がない熟達度の段階（バンド）を設けることも考えられる。

- Grade 6：B2の上位またはそれ以上
- Grade 5：B2の能力記述文
- Grade 4：定義されていない
- Grade 3：B1＋の能力記述文
- Grade 2：定義されていない
- Grade 1：B1の能力記述文
- Grade 0：B1に達しない

しかし、CEFRの能力記述文に沿って内容基準や言語運用の基準を定めても、評価用タスクに対する言語運用を教師あるいは試験官が実際にどのように解釈するかということについては検討されていない。ある者はほかより厳しい評価をすることがある。基準志向型の評価を取り入れる場合は、基準の解釈の標準化を図ることが必要となる（Gipps 1994）。

■ 標　準　化

判断の標準化はこのマニュアルに掲載された2番目の手続きである。すべての試験提供者は何らかの形で次のものを備えている。

- 「産出技能」のための言語運用のサンプルが含まれた標準化のトレーニン

## 2. 評価、試験、講座をCEFRに関連づけること

グ：評価基準を安定して適用できるように試験官をトレーニングするため。
- 「受容技能」のための基準設定やテスト問題作成者のトレーニング：タスクやテスト問題における難易度を安定させるため。

このマニュアルでは、論理的な順番に沿って作業を進めることを強く推奨している。

- 産出技能は受容技能よりも取り組みやすい。その理由は、評価される言語運用がはっきりと見え、その言語運用を関連するCEFRの能力記述文に直接照らし合わせることができるからである。リーディングやリスニングにおいては言語運用を見ることはできない。したがって、CEFRのレベルの解釈の標準化に取り組む場合は、スピーキングとライティングを最初に行なうのがよい。
- リーディングはリスニングよりも取り組みやすい。その理由は、リーディングの言語運用を見ることはできないが（見えるのは解答用紙上またはマウスのクリックによる応答の痕跡だけ）、何が読まれているのかは見ることができるからである。
- リスニングは最も難しい。その理由は、テキストは記憶されなければならないし、さらに音声を書き起こしたものは、それが音声として流されたときにタスクの難易度を決定する上で不可欠な特徴を反映していないからである。

このマニュアルには標準化の4つの段階が掲載されており、それらはすべて評価者のトレーニングに関わるものである。

第1段階：習熟化（Familiarization）
　CEFRの能力記述文を分類する練習で、能力記述文の文体やカテゴリー、そして特にレベルをよく知ってもらうためのものである。

第2段階：トレーニング（Training）
　難易度判断の基準となるサンプル[5]を用いて、CEFRのレベルの解釈を他

の教育機関と共有する。ここでは2種類のサンプルが提供される。

    a. CEFRの参照ビデオ：難易度判断の基準となる話し言葉の言語運用を収録したビデオを用いたトレーニング
    b. CEFRの参照問題：難易度判断の基準となるリーディングのテストタスクや問題を用いたトレーニング

　トレーニングは、難易度判断の基準となるサンプルを用いた「例示による説明」から始まる。指導者は、参加者が言語運用を定められた基準に関連づけられるように支援する。その後、2人一組で練習し、意見交換を行なう。最後に一人ひとりで評価を行ない、意見交換を行なう。

第3段階：レベル判定（Benchmarking）
　ビデオでの難易度判断の基準となる言語運用を通して得られた、CEFRのレベルに関する共通理解に基づいて、特定の言語運用（local performance）のサンプルをCEFRのレベルで判定する。まず、難易度判断の基準となるCEFRの参照ビデオを再度流し、それから進行係が特定の言語運用のサンプルを流すという形をとるのが最もよい。このように2つを「抱き合わせ」にすることで、参照ビデオがレベルの判断を助ける触媒の働きをすることになる。ここで用いている「特定の」という表現は、ある国、教育部門、あるいは他の言語という意味である。

第4段階：基準設定（Standard-setting）
　難易度判断の基準となるタスクや問題を用いたトレーニングを通して得られた、CEFRのレベルについての共通理解に基づいて、特定のテスト問題がCEFRのレベルでどこに該当するのかを推定する。これにより、当該のテストのスコアをCEFRのレベルに変換する暫定的な換算表ができる。

　しかし、基準設定は非常に難しい作業である。テストタスクや問題の難易度を推定する初期段階では、実際の難易度と異なることがしばしばある。もちろん、難易度の推定はどちらの方向にもぶれることがあり、結果的に相殺されることもある。しかし、国内や国際的な資格を提供する評価にお

いては、基準設定の実証的な妥当性検証を欠くことはできない。

## 標準化トレーニング用の難易度判断の基準となるサンプル

上記の第2段階の標準化トレーニングのために、難易度判断の基準となる2種類のサンプルが提供される。ひとつはCEFRのレベルで評価された学習者の言語運用で、もうひとつはCEFRのレベルで難易度づけされたテスト問題である。

〈CEFRの参照ビデオ〉

本稿の執筆時点で、CEFRのレベルの難易度判断の基準となることが確認されている言語運用のビデオは英語用だけで、それはスイス人の成人学習者を録画したものである（North and Hughes 2003）。2004年には次の2つのビデオが利用可能になるであろう。ひとつは、学校での評価で複数の言語におけるB1–B2レベルのフィンランド人学生を扱ったもの、もうひとつは、ケンブリッジ大学ローカル試験シンジケート（University of Cambridge Local Examinations Syndicate、以下UCLESと略す）による異なるレベルの英語のサンプルである。

〈CEFRの参照テスト問題〉

本稿の執筆時点で、英語のリーディングのテスト問題のCDが利用可能である。このテスト問題は、UCLES、ダイアラング、そしてフィンランド国内当局のもので、この段階で提供されているのはリーディングの問題だけである。

ダイアラングとフィンランドのテスト問題は多肢選択式である。ダイアラングのものはコンピュータで行なわれるので、個別型（1つのテキストに1つの質問）となっている。フィンランドのものはテストレット型（1つのテキストに複数の質問）も含まれている。

UCLESのテスト問題はケンブリッジESOLのケンブリッジ英検からのものである。低いレベルでは、非常に短い1つのテキストで質問が1つという形になっている。ここにはイラストがつくことも多い。しかし、一般的には、教材に見られるリーディング・タスク（探し読み、組み合わせ、並べかえなど）に近い様々な種類のものがある。

第4章 学習者ができることを明らかにすること

### ■ 実証的妥当性検証

実証的妥当性検証とは、このマニュアルに掲載されている3番目かつ最後の手続きで、テストのスコア／成績、採点者／評価者の採点状況、そして実際の評価における他の側面に関するデータの収集と分析が含まれている。実証的妥当性検証には次の2つの側面がある。

- 内的妥当性検証：テスト自体の質に関わること
- 外的妥当性検証：前述の標準化の中で示したレベル判定や基準設定に基づく、テストスコアあるいは評定とCEFRのレベルとの暫定的な換算を裏づけること

実証的妥当性検証は主として試験提供者に関係することだが、学校でもこの基本的な原理を簡単な方法で応用することができる。外的妥当性検証のデータ分析は、マイクロソフトのエクセルにある相関係数機能とワードの表を用いるだけで満足のいく程度に行なうことができる。試験提供者が行なうものは当然さらに詳細なものになるだろうし、もしそのやり方についてアドバイスが必要な場合は、このマニュアルの付録に参考資料が掲載されている。

### ■ 内的妥当性検証

内的妥当性検証には質的手法と量的手法がある。質的手法には、アンケート、インタビュー、産出された言語の談話分析、受験者の思考過程に関する口頭報告などがある。量的手法には、正答率、信頼性理論、因子分析、項目応答理論などがある。妥当性検証においては、この質的な側面と量的な側面の両方のバランスを取る手法が望ましい。

外的妥当性検証は、「この評価によるCEFRの結果は、CEFRのレベルの一般的な解釈として十分妥当な範囲で関連しているか」という側面に焦点を当てている。

- CEFRのレベルの違いを示す「スコアの分割点」を設定する手法は適切か。
- CEFRのレベルの解釈にぶれがないか。

- 同一受験者の同じ技能に関して、その評価における CEFR のレベルと別の評価における CEFR のレベルの間に満足のいく程度の関連があるかということについて、個別の検証があるかどうか。
- フランス語を学んでいるポルトガル人がスウェーデンでフランス語のテストを受けたとして、そのときに得られる CEFR のレベルは、この人がポルトガルでフランス語のテストを受けたときのものと同じになるのだろうか。
- その他

### ■ 外的妥当性検証

本稿の残りの部分では、外的妥当性検証、すなわち CEFR のレベルとの関連を裏づけることに焦点を当てる。これは試験提供者と同様に講座提供者にとっても関心のある側面である。

外部基準は、既に CEFR との関連が検証された同じ技能のテストによるもの、あるいは学習者の言語運用をよく知っていて、CEFR のレベルについて標準化された解釈の体系的なトレーニングを受けた教師による判断でもよい。対象となるすべての学習者は、研究対象の評価と外部基準として採用している評価の両方を受ける必要がある。

ステップ1: 相関関係。2 組のスコアの間の相関係数を算出する。これは難しいことではない。2 組のスコアをマイクロソフトのエクセルの欄に入力し、CORR の機能を選択すればよい。例えば、0.40 のように低い相関係数であれば、2 つの評価間の相関関係は弱いことになり、それ以上進める意味はあまりない。例えば、0.80 のような比較的高い相関係数であれば、2 つの評価間にかなり有望な関連があることになる。相関係数の実際の有意性は対象者の数に影響される。

ステップ2: 区分の照合。相関関係は関連の有無を示す。次の問題は、その関連が厳密にはどういうものかということである。研究対象の評価による各対象者のレベル区分と、外部基準として採用している評価によるレベル区分を比較できる表を作成する。

第 4 章　学習者ができることを明らかにすること

|アイテムバンク| 9 |   |   |   |   |   |   |   | 2 |
|---|---|---|---|---|---|---|---|---|---|
|   | 8 |   |   |   |   |   |   |   | 1 |
|   | 7 |   |   |   |   |   |   | 8 | 3 |
|   | 6 |   |   |   |   | 2 |   | 8 |   |
|   | 5 |   |   |   | 1 | 8 | 2 | 1 |   |
|   | 4 |   |   | 4 |   | 4 |   |   |   |
|   | 3 |   | 2 | 6 | 5 |   |   |   |   |
|   | 2 | 1 | 1 | 5 |   |   |   |   |   |
|   | 1 | 4 |   |   |   |   |   |   |   |
|   |   | 1 | 2 | 3 | 4 | 5 | 6 | 7 | 8 | 9 |

教師の判断：熟達度

図 4　アイテムバンクと教師による判断の関連

　この方法の非常にわかりやすい例を図 4 に示す。これは North（2000b）からのもので、ドイツ語の体系的な知識を測定するアイテムバンク（難易度などが検証されたテスト問題のプール）のためのユーロセンター言語熟達度尺度において、そのレベル間の暫定的な分割点を確認するために教師の判断がどのように用いられたかを示している。アイテムバンクと教師の判断の 2 つの結果は、CEFR ではなく、ユーロセンターの尺度で示してある。ここでは、公開された方法論の一例として説明する。2 つの評価結果は、対照できるようにマイクロソフトのワードの表で簡単に表示されている。そして、対角線を網掛けにすることで、もし 2 つの評価が完全に一致すれば、すべての学習者がこの網掛け部分に入ることになる。

　この例では、2 つの結果の間には規則性があるように見える。しかし、0.93 というとても高い相関関係にもかかわらず、9 段階のユーロセンターのレベルにおいてアイテムバンクと教師の判断が一致したのは 68 人のうちのわずか 28 人（41％）であった。教師がレベル 7 と判断した学生のうち 8 人はアイテムバンクではレベル 6 となっている。これは教師の判断が寛大であったことによる。しかし、この 8 人が表の「正しい位置」（アイテムバンクのレベル 6 の位置）に入っていたとしても、教師の評価とアイテムバンクの評価が一致するのは依然として学生の約 50％ にしかならないだろう。

## 2. 評価、試験、講座を CEFR に関連づけること

　このように同じ区分に位置づけられた学習者がごくわずかであった理由として、この尺度のレベルの数が関係している。ユーロセンターの尺度は、CEFR の A1 と C2 以外のレベルを 2 分割して（詳細は North 2000a: 337 を参照）、全体で 9 つのレベルとしている。したがって、ユーロセンターのレベル 2 と 3 が A2, レベル 4 と 5 が B1, レベル 6 と 7 が B2, そしてレベル 8 と 9 が C1 に相当する。この例では C2 レベルの学習者はいない。

　このような理由から、たとえ個別的にはどのような細かいレベル区分を用いるとしても、評価を比較する際には CEFR の正式な 6 段階（A1–C2）だけを用いることをマニュアルでは推奨している。マニュアルでは「決定表」というものを作成することを提案している。図 4 のデータをそのまま CEFR の 6 段階だけを用いた「決定表」に移すと図 5 のようになる。これも簡単なマイクロソフトのワードの表である。図 5 に示すように、CEFR のレベルだけを用いると、合致する区分の人数は 68 人中 50 人に増加する。

　「決定表」の書式に従って、研究対象の評価（アイテムバンク）を上の横軸に、そして外部評価（教師の判断）を左側の縦軸に置く。ユーロセンターの尺度でレベル 1、すなわち CEFR で A1 に相当する 4 人の学習者は、図 4 では左下の角に表示されているが、図 5 では左上の角に表示される。レベル 1 を除いて、ユーロセンターの尺度は 2 つで 1 つの CEFR のレベルと

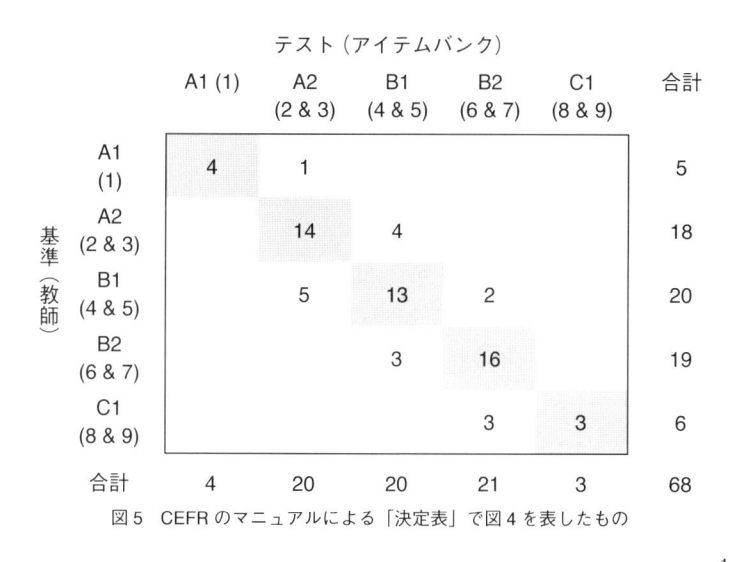

|  | | テスト（アイテムバンク） | | | | |
|---|---|---|---|---|---|---|
|  | | A1 (1) | A2 (2 & 3) | B1 (4 & 5) | B2 (6 & 7) | C1 (8 & 9) | 合計 |
| 基準（教師） | A1 (1) | 4 | 1 | | | | 5 |
| | A2 (2 & 3) | | 14 | 4 | | | 18 |
| | B1 (4 & 5) | | 5 | 13 | 2 | | 20 |
| | B2 (6 & 7) | | | 3 | 16 | | 19 |
| | C1 (8 & 9) | | | | 3 | 3 | 6 |
| | 合計 | 4 | 20 | 20 | 21 | 3 | 68 |

図 5　CEFR のマニュアルによる「決定表」で図 4 を表したもの

なる。こうすると、アイテムバンクと教師の判断ともに A2 に入る学習者が 14 人（ユーロセンターの尺度で 2 と 3）、B1 に入る学習者が 13 人（ユーロセンターの尺度で 4 と 5）、などのようになる。

　枠の外側の右と下にあるのは合計数字である。被験者の合計数 68 は右下角に表示されている。

ステップ 3：共通する区分の比率計算。共通する区分の比率は単純にパーセント表示される。ここでは、教師の判断による暫定的な分割点とアイテムバンクにおける暫定的な分割点が CEFR のレベル上で区分が共通するのは 68 人中 50 人で、73.5％になる。

　2 つの独立した評価間で共通する区分の割合が 73.5％というのは、非常によい結果である。このケースでは、教師たちはユーロセンターの尺度を使って数年間勤務していたので、その尺度をよく理解していた。彼らは少人数のクラスを少なくとも週 15 時間担当していたので、学生たちのこともよく理解していた。アイテムバンクの中のテスト問題は、各レベルのための厳密な細目基準に沿って作成され、信頼性の低いアイテムは開発過程の中で既に削除されていた。

　対照的に、Schneider and North（2000）によると、週に数時間しかクラスを担当しないスイス人教員たちがあまりなじみのない能力記述文で行なった評価を用いた深刻な問題が報告されている。同様の問題が、ユーロセンターが 1997 年と 1998 年にブラジルで試みた大規模なクラス分けテストの手順において発生した。このケースでは、大きなクラスを週 2 回しか教えていなかったために、学習者一人ひとりの熟達度の違いを区別できない教師もいたということが明らかとなった。

　このアプローチが機能するためには、教師が CEFR の参照ビデオでレベルについて十分なトレーニングを受け、学生のことをよく把握し、基準に基づく評価のトレーニングを受けることが重要である。これはやるだけの価値が十分ある。起こりうる最悪なことは相関が低くなることである。こうなってしまうと、誰が正しくて、誰が間違っているのか、あるいはどちらも間違っているのかわからない。しかし、ある程度満足のいく相関が出れば、2 つの評価に何らかの関係があることになる。そして、「決定表」を

2. 評価、試験、講座を CEFR に関連づけること

作成することで、それがどのようなものなのかを正確に把握することができる。

上記の例から3つの結論を引き出すことができる。

- 第一に、ここで議論した研究は非常に単純なもので、実施のための組織もほとんど必要なく、また実質的には経費もかからない。しかし、アイテムバンクで採用されている基準設定の確認という点での「見返り」は非常に大きい。
- 第二に、既に述べた通り、相関係数の計算はマイクロソフトのエクセルによって可能であり、エクセルにはこのための CORREL と PEARSON の公式がある。先に示したように、この２つの数値を図表化する手法もマイクロソフトのワードの表によって可能である。このように、マイクロソフトオフィス以上の高機能のものは必要ないので、数字は苦手だと思っている言語の専門家でも、外的妥当性検証は十分に行なえるものである。
- 第三に、CEFR への外的妥当性検証を目的として基準の合致度を図表にするときには、CEFR の６段階の尺度だけを用いるのがよい。きめ細かいレベル（ユーロセンターのような）は教育的には意味あるものだが、テスティングという観点からはより決定力のあるものが必要となる。そういうわけで、「利害関係の大きい」評価（試験）では区分のズレを抑えるために幅の広いレベル表示を用いる傾向がある。また、これが CEFR と ELP——正式な報告形式——において６段階だけを用いている理由である。

■ 結　　論

　CEFR には非常に意欲的なねらいがある。それは、言語の専門家（学校、試験提供者、出版社）、学習者（特に ELP を通して）、そしてさらに広い利害関係者（親、雇用主、行政、国際的機関）で共有できるような、透明性と一貫性のある枠組みを提供しようというものである。ELP から取った自己評価の能力記述文の枠組み（本書巻末の参照文書２に収録した CEFR の表２）は欧州連合の EUROPASS の言語セクションに組み込まれている。EUROPASS は職業訓練における成果を報告するためのわかりやすい枠組みと

133

なるように作られている。

「言語試験を CEFR と関連づけるためのマニュアル」で採用されている手法は、試験提供者、学校、そして ELP を用いている教師のネットワークのすべてが、自らの評価を CEFR に関連づけるために同じ指針を用いることを奨励するものである。多くの機関は 2004 年から 2005 年にかけて、自らの評価と CEFR との関係を検証するために新しいマニュアルを試行するケーススタディーに参加している。CEFR とそれに関連したマニュアルは、これからも改善されていくものである。現行のCEFR, 能力記述文、マニュアル、参照ビデオはいずれも補足され、改訂されていくだろう。意見や予備調査の申し出は大いに歓迎するので、Johanna.Panthier@coe.int. へお寄せいただきたい。


〈注〉
1. CEFR は、1993 年から 1996 年にかけて、国際的な作業グループの監督下で、John Trim, Daniel Coste, Brian North, Joe Sheils から成る作成グループによって開発された。2000 年版のための改訂は John Trim と Brian North によって行なわれた。
2. 評価に関するさらなる情報は Piet van Avermaet of the University of Leuven (piet.vanavermaet@arts.kuleuven.ac.be.) から入手できる。
3. このマニュアルは、相談役の支援を得て、Brian North, Neus Figueras, Piet Van Avermaet, Norman Verhelst, Sauli Takala から成る作成グループによって開発された。
4. 本稿の執筆時点で、University of Cambridge Local Examination Syndicate, Web 試験のためのダイアラング・プロジェクト、そしてフィンランド国内試験当局は、その評価を CEFR と関連づけるために、原則に基づいた手続きに従っている。TOEIC, TOEFL, City and Guilds/Pitmans ESOL は、このようなプロセスを計画しているとされる。
5. 難易度判断の基準となる最新のサンプルとそれらの注文の仕方に関する情報は、Language Policy Division のウェブサイト (http://www.coe.int/t/dg4/linguistic/) を参照。

〈参考文献〉
Alderson, J.C.A. (ed.). 2002. *Case Studies in applying the Common European Framework*. Strasbourg: Council of Europe.

Council of Europe. 2001. *Common European Framework of Reference for Languages: Learning, Teaching, Assessment*. Cambridge: Cambridge University Press. 次のサイトからダウンロードも可能 <http://www.coe.int/t/dg4/linguistic/Cadre1_en.asp>

Council of Europe. 2003. *Relating Language Examinations to the Common European Framework of Reference for Languages: Learning, Teaching, Assessment* (CEF). *Preliminary Pilot Version of a Proposed Manual*. DGIV/EDU/LANG (2003) 5, Strasbourg. September 2003.

Gipps, C. 1994. *Beyond Testing*. London: The Falmer Press.

Jones, N. 2002. 'Relating the ALTE framework to the Common European Framework of Reference' in J.C.A. Alderson (ed.): 167–83.

Kaftandjieva, F. and S. Takala. 2002. 'Council of Europe scales of language proficiency, a validation study' in J.C.A. Alderson (ed.): 106–29.

Messick, S. M. 1995. 'Standards of validity and the validity of standards in performance assessment' *Educational Measurement: Issues and Practice*, 14/4: *Special Issue: Values and Standards in Performance Assessment: Issues, Findings and Viewpoints* 5–8.

Mislevy, R. J. 1995. 'Test theory and language learning assessment'. *Language Testing* 12/3: 341–69.

North, B. 1995. 'The development of a common framework scale of descriptors of language proficiency based on a theory of measurement'. *System* 23/4: 445–65.

North, B. 2000a. *The Development of a Common Framework Scale of Language Proficiency*. New York: Peter Lang.

North, B. 2000b. 'Linking language assessments: an example in a low-stakes context'. *System* 28/4: 555–77.

North, B. 2002a. 'Developing descriptor scales of language proficiency for the CEF common reference levels' in J.C.A. Alderson (ed.): 87–105.

North, B. 2002b. 'A CEF-based self-assessment tool for university entrance' in J.C.A. Alderson (ed.): 87–105.

North, B. and G. Hughes. 2003. *CEF Performance Samples: for Relating Language Examinations to the Common European Framework of Reference for Languages: Learning, Teaching, Assessment. English. Swiss Adult Learners.* Council of Europe, Eurocentres, Migros Club Schools. Video cassette.

North, B. and G. Schneider. 1998. 'Scaling descriptors for language proficiency scales'. *Language Testing* 15/2: 217–62.

Schneider, G. and B. North. 2000. *Fremdsprachen können――was heisst das? Skalen zur Beschreibung, Beurteilung und Selbsteinschätzung der fremdsprachlichen Kommunikationsfähigkeit.* Chur/Zürich: Verlag Rüeger.


〈執筆者〉
**Brian North**
ユーロセンターの学力向上部門（Academic Development）の主任。ユーロセンターの言語熟達度尺度と評価手法を開発。CEFRおよびELPの原型の作成者の一人。スイスにおける国家的研究プロジェクトの一環として、博士論文でCEFRのレベルと能力記述文を開発。現在は、言語試験とCEFRの関連づけに関わる欧州評議会の業務のとりまとめに従事。

# 第 5 章

## シラバスと教材の設計

# 1. アイルランド初等学校における事例研究：
転入生徒に対する ESL カリキュラム開発のための CEFR の活用

デイビッド・リトル（David Little）
バーバラ・レーゼンビー・シンプソン（Barbara Lazenby Simpson）

■ 概　　要

　本稿は、ヨーロッパ言語共通参照枠（Common European Framework of Reference for Languages，以下 CEFR と略す）の活用についての報告である。CEFR は ESL カリキュラムを開発するプロジェクトで活用され、その対象はアイルランドの初等学校に在学する外国からの転入生徒であった。まずプロジェクトの背景をまとめ、それから現在までのプロジェクトの 3 つの局面を順に取り扱う。

1. 英語熟達度レベル指標と、それに正確に基づいたヨーロッパ言語ポートフォリオ（European Language Portfolio，以下 ELP と略す）の初期段階の開発（2000）
2. ESL 教師とその生徒を対象とした、広範な関連する支援の開発と導入（2000–2003）
3. 3 年の経験を踏まえ、さらに将来の開発も視野に入れた英語熟達度レベル指標の改訂（2003）

■ 背　　景

　1990 年代初頭以来、アイルランドへの移住者が増え続けている。成人の場合、権利や資格は法的立場により多様ではあるが、その子供は学校に通うことが期待され、英語を学ぶ必要があった。2000 年に教育科学省（Department of Education and Science，以下 DES と略す）は、初等・中等学校の ESL 教師を支援する事業を推進するため、総合アイルランド言語訓

練所（Integrate Ireland Language and Training，以下 IILT と略す）を設立した。これは非営利団体であり、ダブリンにあるトリニティ・カレッジ内に設置された。この事業は、初等、中等学校ともに実施されているが、本稿では初等学校を取り上げることとした。その理由は、ひとつにはわかりやすさのため、もうひとつは、私たちが最も力を注いだのが初等学校であったからである。私たちの事業が直面し対応した課題は、次のようにまとめることができる。

- 転入生徒は、学年のいずれの時期においても不定期に転入してくる。
- 初等学校段階においては、生徒の年齢は 4 歳半から 12 歳の間である。
- 多少英語がわかる生徒もいれば、ほんの少しかわからない生徒、全くわからない生徒もいる。
- 彼らは全く教育を受けた経験がない可能性があった。これは、彼らの年齢による理由（多くの国では就学年齢が 6 歳から 7 歳とされている）、もしくは、転入してくる以前に彼らが置かれた環境による要因（例えば紛争地域からやってきたか、または、難民キャンプで長期間過ごしていたため）が考えられる。もし、彼らが既に学校に通っていれば、少なくとも多少は読み書きの概念に親しんでいたであろうが、たとえ読み書きの経験があったとしても、それがアルファベット以外の文字体系である可能性もあった。
- 難民としてアイルランドに来た人々の一部には、何かしらの精神的外傷を患っている人がいる可能性もあった。

転入生徒の家庭環境は非常に多様である。教育上の成功を非常に重視する専門的な職業に就いている両親の子供もいる一方で、宿題をするための静かな場所を見つけることすら実際上できないような共同住居にいる難民の子供もいる。前者の子供は、普通、学校外でも英語話者と接する機会を設けることに困難はないが、一方、後者の子供は、学校外で英語話者と接する機会が持てない場合もある。

ひとつの学校の転入生徒の数は、せいぜい 4 名から 5 名程度ととても少ないこともあるし、100 名近くに達し、転入生徒が全生徒数の中で重要な割合を構成することもある。学校が一握りの転入生徒を受け入れたときで

さえ、彼らは複数の対照的な民族的背景を持っている可能性がある。例えば、中東もしくはインド亜大陸からの移民の子供や、アフリカ人難民の子供といった具合である。転入生徒の母語もほぼ同じものはなく、ひとつの学校に、アラビア語、いくつかのアフリカ諸語、複数の東ヨーロッパ言語の話者がいるというのも珍しいことではない。アイルランドの初等学校で、現在どれほどの言語が話されているのか、公的な統計がないため正確にはわかっていない。しかし、およそ120という推定は、おそらく的外れのものではないだろう。

　転入生徒は、はじめ、普通は年齢に応じて通常学級に割り振られ、学校での時間の大半をそこで過ごす。それぞれの生徒は2年間のESLサポート（教育）を受ける資格を与えられ、通常学級の授業中、その授業を免除され毎日1、2時間、ESLの授業を受ける。ESLの大切な機能は、その生徒たちが通常学級に戻ったときに、英語学習を続けることのできる方法を身に付けさせることにある。DESは、各学校の転入生徒の数に応じてESLサポートに資金を提供している。転入生徒が14名未満の場合は、各生徒に時間講師を、それ以上の場合は、常勤教師1名を、28名以上の場合は、2名の常勤教師ポストを確保するための資金を提供している。つまり、転入生徒が多ければ多いほど、柔軟な言語学習支援のシステムで進めやすくなるということである。しかし、転入生徒が28名をゆうに越える大規模校であっても、2名の常勤教師しかいないという場合もある。

■出 発 点
**英語熟達度レベル指標とELP**
　DESはここ数年間ESLサポートに対する資金提供を実施してはいるが、ESL教師の職務内容を規定したり、教材を開発したり、教員研修を行なったりするための手立ては何も講じてこなかった。明らかに、私たちにとって最初に必要なことは、扱うべき領域を描き出すことであった。たまたま、これは部分的には行なわれていた。それは、1996年にDESに提出された報告書にあるのだが、その中で私たちは、教育、職業訓練、日常生活において、子供と大人が必要とする言語に符合するような熟達度レベル指標を設定するための研究が行なわれるべきだと提言した（Little and Lazenby Simpson 1996: 87）。そして、IILTの2年間の先行研究のためにDESが設

定した委任事項には、これらの指標を精緻化することが含まれていた。DES が ESL 教師に対するプロジェクトを進めるよう IILT に求めたときには、それらの指標はもう既に、具体的な形をとりつつあった。

### CEFR 活用の理由

　私たちの指標精緻化の出発点は、CEFR の第二稿（Council of Europe 1996）であった。これは実質上、出版された版（Council of Europe 2001）と同じ内容であるが、提示の順番がわずかに異なる。私たちは次の 2 つの理由からこの CEFR を活用することとした。

　第一に、私たちには ESL の熟達度の段階を規定することが必要であった。CEFR の 6 段階の共通参照レベル（A1-C2）は、第二言語 / 外国語学習の進み具合について詳細かつ実証された記述を提供している。自己評価表についてのおおまかな研究において明らかになったことだが、共通参照枠のレベルは、青年と成人の言語学習の過程を規定している（本書巻末の参照文書 2, および Council of Europe 2001: p. 26 以降を参照のこと）。その過程は、生活するために必要最小限の技能から、教育や職業上の成果に支えられた高度な熟達度までを含む。これは私たちが求めていたこと以上のものであった。ESL サポートのねらいは、支援期間が各生徒につき 2 年に限られてはいるけれども、転入生徒が通常学級に完全に参加できるよう必要な熟達度に高めることである。その目的のためには、最初の 3 つの共通参照レベル、A1, A2, B1 で十分であった。

　CEFR を使う第二の理由は、私たちが最も革新的と考えた特徴と関係があった。すなわち、それは、コミュニケーション能力の熟達度を規定する「Can-do リスト」を活用していた点である。「Can-do リスト」は学習目標を特定するばかりではなく、学習活動を選択し、段階づけることや、学習成果を評価するための基礎として役立つからである。この方法を取り入れることで、レベル指標が扱うべき領域を示すものとして使用されるだけではなく、教授の手引きの概要や評価規準としても活用できることを確信したかったのである。

### CEFR 能力記述文の採用

　もちろん、参照枠の記述をそのままで使用することはできない。なぜな

第5章　シラバスと教材の設計

ら、それらは私たちの転入生徒の年齢幅には不適切であるし、特定の教育に焦点化していないからである。アイルランドの初等学校で通常遭遇するであろう様々な言葉のやりとりや、教育課程に位置づけられているテーマや話題を考慮に入れながら、能力記述文を設定し直す必要があった。このためには2つのことが必要であった。ひとつは、初等学校の教育課程とCEFR の 3 段階（A1, A2, B1）の記述とをすり合わせることであり、もうひとつは、ESL サポートをしている教師の経験を利用するということであった。私たちは2つのフォーカスグループを組織しこれを実施した。

　2000年版の指標（David Little, Barbara Lazemby Simpson, Eilish Hurley の助言を受け、Fiona O'Connor が開発した）における重要点は次の通りである。

1. A1, A2, B1 の 3 段階における、5 技能（聞くこと、読むこと、話し言葉でのやりとり、話し言葉での表現、書くこと）についての言語熟達度を表す全体的記述文。
2. レベル指標に関係する14の単元活動。すなわち、「自分自身」「私たちの学校」「食べ物と衣服」「色や形、反対物」「私たちを助けてくれる人々」「ほかの地域の人々と場所」「地域社会とより広い社会」「自分の地域に関する関心事」「時間」「天気」「交通」「季節、休日とお祭り」「動物と植物」「水」。本稿の付録2を参照のこと（付録1は全体的能力記述文、付録2は「食べ物、衣服、天気」に関する活動である）。
3. レベル指標と同時に開発されたELPのバージョン。それは、レベル指標で規定された進歩の具合や、単元活動で設定されたテーマや話題を明示的に考慮しながら、教師と生徒が自らの課題に取り組みやすくするためのものであった。この ELP の言語パスポート・セクションにおいて、転入生徒は、自らの言語上、文化上のアイデンティティを記録し、そして（たいていは教師の助けを受けて）英語の熟達度の度合いを全体的な能力記述文に照らして定期的に評価する。言語バイオグラフィーは、生徒の言語学習や言語使用の意識を高めるように工夫された 4 ページと、単元活動に一致する形の自己評価用チェックリストから成る。例えば、前述の「自分自身」のチェックリストの能力記述文は次の通りである。

1. アイルランド初等学校における事例研究

自分自身のこと、名前や年齢について話すことができる。
自分の好きなことや得意なことについて話すことができる。
自分の趣味について話すことができる。
自分の家族や彼らがしていることについて話すことができる。
私が学校でしていることについて両親に説明することができる。
今年と比較して、去年自分がしたことについて話すことができる。

　最後に、資料集の部分は、内容ページと単元活動に関する数多くのワークシートから構成されている。

### ELP の活用

　ELP は、報告機能と教育的機能を併せ持っている。ELP は、言語学習の過程とその成果についての蓄積記録の役割がある。一方で、目標設定や自己評価を重視して作られており、学習を振り返ることを促し、自律的な学習者を育てるよう工夫されている（本書の 2.1 を参照；Little and Perclovà 2001; Little 2002）。私たちは、2 つの機能を考慮した上で、レベル指標と共に使うタイプの ELP のバージョンを開発することを決めた。各生徒の ELP は、ESL 教師、通常学級の教師、校長、視学官、両親に対して、英語学習の進歩や成果の概要を包括的に提供する。同時に、ELP は、自律的学習者を育てるという私たち自身の責務を ESL 教師に伝える具体的な手立てとなった（Little 1991; Lazenby Simpson 2002, 2003）。

### ■ 実施：2000-2003

　レベル指標と ELP を開発した後、私たちは 2000 年の秋学期にそれらの導入を始めた。過去 3 年間、初等学校の ESL 教師に対して 2 つの現職研修を年ごとに提供した。各研修は国内の計 5 箇所で行なわれており、各研修に参加した教師の総数は着実に増加し、現在では約 250 名に達している。どの研修においても、半数の参加者は ESL 教師サポートの経験がなかった。これには 2 つの要因がある。ひとつは、多くの学校では限られた期間のみ通常学級の担当教師を言語学習サポート担当に配置換えする傾向があること、もうひとつは、移住者人口の移動である。それによっていくつかの学校は ESL サポートの資金を失い、別の学校では新たに転入生徒を受け

第 5 章　シラバスと教材の設計

入れることになるからである。

**実施方法**

　プロジェクトの実施段階の基本的な方法は、ESL サポートを記述し、問題を特定して、可能な解決策を探るための確かな参照基準として、レベル指標と ELP を活用することであった。既にプロジェクトを実施しているフォーカスグループの結果から、ESL サポートの提供のための 3 段階の方法、すなわち、Breakthrough (A1), Waystage (A2), Threshold (B1) を設定することは、教師たちの直感に一致していることや、その直感は ELP によりさらに確かなものとされたことなどが明らかになっていた。レベル指標と ELP は、情報、ガイドライン、報告と評価の手段、教材というそれぞれの部分を徐々に精緻化していく際のたたき台としての役割を果たした。

　いくつかの部分は、レベル指標の性質や、ELP によって含意される一般的な教育的方針によって決定された。これらは次のようなものであった。

- ページごとに ELP の使い方が説明されているハンドブック
- 学校、学級、生徒のそれぞれの段階に応じた ESL サポートプログラムの計画と実施に関する詳細なガイドライン
- 教授・学習過程の重要な要素としての、コミュニケーション能力の熟達度評価のための詳細なガイドライン
- 単元活動に対する個々の生徒の進歩を教師が記録する際に用いるチェックリスト

ほかの部分は、教師たちからの要望に応える形で開発された。

- 第二言語習得や「沈黙期」に関する情報シート
- ある移民グループの宗教上の信条や慣習についての概要
- 新入 ESL 生徒に対して最初の評価を行なうためのアンケート
- ESL 授業における通常学級の教科書の使用や、上級学年の学級に入学許可された転入生徒の読み書き能力の進歩についての 80 ページに及ぶガイド

1. アイルランド初等学校における事例研究

教師とのやりとりを経て開発されたものもある。それらは特に、保護者会で非英語話者の親とコミュニケーションをとるためのアイコンを使用した書式、転入生徒の親に対するアイルランドの学校制度の案内（これは今までに、数の上で多い移住者の10の言語に翻訳されている）、そして、通常学級の教師、校長、視学官に対するESLサポートの案内などである。

### この段階までの教訓

レベル指標は、簡単かつかなり一般的な言葉遣いになるように意図して作られた。これは、行動主義的な用語を使ってコミュニケーション能力の熟達度や言語学習の目標について考えることに不慣れな教師にとっても活用しやすくするためである。この特徴のおかげで、教師が即座かつ容易にレベル指標を受け入れ、3段階のレベルと5つのコミュニケーション技能に関して自らの教授と生徒の学習を考え始めるようになったという点は疑いがない。しかし同時に、同じこの特徴が深刻な限界となることも明らかになった。特に、ほとんど英語を理解しない年長生徒の読み書き能力育成の問題に注意を向けた際に顕著となる。全体的能力記述文（付録1）はCEFRの5技能を区別しているが、単元活動（付録2）はそうではない。つまり、レベル指標は、教材や教授法を詳しく開発する際にほぼ役に立たなかったということである。同じ理由で、自己評価用チェックリストがあるにもかかわらず、詳細な評価の手続きを進める際にもレベル指標は十分に正確な方法では寄与できなかった。

その結果、2003年の夏、私たちはレベル指標を改訂することに決めた。もちろん、この時までには、2000年の時点で得ていなかった豊富な経験や情報を生かすことができた。

### ■ 新しいバージョンの英語熟達度指標：2003

レベル指標を改訂する際に、特に3点のねらいが私たちの念頭にあった。

1. 3つのレベルの段階をより明確にするために、以前のものよりも詳細にコミュニケーション能力の熟達度の全体的尺度を定義することを目指した。
2. 3年に及ぶ教師たちとの定期的な交渉から、全体的尺度で描き出された段階は、いくつかの点において、特に就学1年目または2年目の時期

には、英語母語話者の生徒がたどる発達の道筋とあまり違わないことがわかった。そこで、私たちはコミュニケーション能力を支えている言語能力の重要な特性を示す2番目の尺度群を作ることを目指した。
3. 5つのコミュニケーション技能を視野に入れて単元活動を書き換えることを目指した。このことにより、単元活動は、言語学習の教材や活動を選択したり評価過程を開発するためのさらに的確なガイドラインとなった。

**改訂の段階**

私たちは元のレベル指標を脇に置いて、再びCEFRをもとに、A1, A2, B1の自己評価表の記述を書き換えた。それらを私たちの生徒の年齢と学習環境に可能な限り正確に一致させるためであった(付録3を参照)。

次に、私たちは言語能力の様々な特性を取り扱う尺度を利用して、語彙の使用、文法の正確さ、音韻の使用、正書法の使用という4つの領域についての尺度を設定した(付録4を参照)。

それから、私たちは具体的な例示的尺度を完成させて、これを用いてCEFRの自己評価表の要約能力記述文がより詳細に記述された。これらの一覧については本書巻末の参照文書5を確認すること。私たちの領域に無関係な尺度や能力記述文は削除し、残りは単元活動を書き換える際の指針として活用した。初期の版(付録2)と比較するために、「食べ物と衣服」「天気」の改訂版(付録5)を示しておく。

■ **結　論**

ここまでのプロジェクトの説明で明らかになったように、アイルランドの初等学校における、転入生徒のためのESLカリキュラム開発・導入の際、CEFRとELPはとても効果的な支えとなることがわかった。

CEFRのおかげで、3つの(言語)発達段階を踏まえ、プロジェクトを進めることができた。その発達は、CEFRの最初の3つのレベルに基づくだけではなく、教師の直感とも一致するものであった。また、ELPはそれ自身、教師や生徒にとってなくてはならないものとなった(2003年夏までに、5000部以上のコピーが流布した)。私たちは、自分たちのELPを改訂版のレベル指標と一致させ、さらに精緻で正確な評価手順を開発するために指

標を活用するつもりだ。2005年夏までには、初等学校の転入生徒対象の ESL カリキュラムを完成させたい。その内容は、レベル指標、ELP, ELP 関連の教材、評価手順、教師用ハンドブックである。教師たちと定期的に接触を持つことにより、カリキュラムのすべての部分を伝授することができるだろうし、すべての部分が通常学級のカリキュラムと完全に統合されていくことになるだろう。

　このプロジェクトは、私たちが取った道筋とは別の道筋を踏むことも可能であったことは間違いない。しかし、3年を経て、CEFR と ELP の2つのサポートなしで取り組むことは想像しがたいと感じている。

〈注〉
2003年版の英語熟達度指標および初等学校レベルの転入生徒用 ELP は、<http://www.ncca.ie/en/Curriculum_and_Assessment/Inclusion/English_as_an_Additional_Language/IILT_Materials/Primary/> よりダウンロードが可能である（2013年1月検索）。

〈参考文献〉

Council of Europe. 1996. *Modern Languages: Learning, Teaching, Assessment. A Common European Framework of Reference*. Draft 2 of a Framework proposal. Strasbourg: Council of Europe.

Council of Europe. 2001. *Common European Framework of Reference for Languages: Learning, Teaching, Assessment*. Cambridge: Cambridge University Press.　次のサイトからダウンロードも可能 <http://www.coe.int/t/dg4/linguistic/Cadre1_en.asp>

Lazenby Simpson, B. 2002. 'Meeting the needs of second language children: language and literacy in primary education'. Plenary paper given at the conference of the Reading Association of Ireland, 3–5 October.

Lazenby Simpson, B. 2003. 'Second language learning: providing for immigrant learners'. In D. Little, J. Ridley and E. Ushioda (eds.). *Learner Autonomy in the Foreign Language Classroom: Learner, Teacher, Cur-*

*riculum and Assessment*. Dublin: Authentik: 198–210.
Little, D. 1991. *Learner Autonomy 1: Definitions, Issues and Problems*. Dublin: Authentik.
Little, D. 2002. 'The European Language Portfolio: structure, origins, implementation and challenges'. *Language Teaching* 35/3: 182–9.
Little, D. and B. Lazemby Simpson. 1996. Meeting the language needs of refugees. Unpublished report. Dublin: Trinity College, Centre for Language and Communication Studies.
Little, D. and R. Perclová. 2001. *European Language Portfolio: Guide for Teachers and Teacher Trainers*. Strasbourg: Council of Europe.


〈執筆者〉
**David Little**
言語コミュニケーション研究センター（Centre for Language and Communication Studies）の設立責任者（1978）で、トリニティ・カレッジ・ダブリンの応用言語学准教授。学習者の自律や第二言語学習における新技術の使用について、理論と実践両面に関わる複数の著書及び多数の論文がある。現在、欧州評議会ポートフォリオ・プロジェクト（Council of Europe's European Language Portfolio project）顧問、総合アイルランド言語訓練所（Integrate Ireland Language and Training；アイルランドへの移住者に対する英語学習支援を行なっている政府設立機関）所長。

**Barbara Lazenby Simpson**
1970年代初頭から英語教育に従事。現在、トリニティ・カレッジ・ダブリンにある言語コミュニケーション研究センター（Centre for Language and Communication Studies）特別研究員で、総合アイルランド言語訓練所（Integrate Ireland Language and Training）副所長。研究領域は、初等学校生徒から成人学習者を対象とする移住者の第二言語学習で、コース設計、教材開発、教師教育・研修およびそれら全般に及んでいる。1998年以降、ELPの設計と実施に関わっている。

1. アイルランド初等学校における事例研究

付録 1　言語熟達度の全体的能力記述文 (2000)

|  |  | A1 Breakthrough | A2 Waystage | B1 Threshold |
|---|---|---|---|---|
| 理解 | 聞くこと | 一般的な挨拶や社交上のやりとりの日常表現を理解できる。 | 身近で具体的な短い話を理解できる。一般的な会話の要点を把握できる。 | 様々な物語を理解したり、ほかの人の会話についていくことができる。記憶に留めたり返答したりするために、注意深く聞くことができる。 |
|  | 読むこと | 自分の名前を認識することができる。日常のよくある事物の絵と、それにあたる語とを一致させることができる。家族や身近な身の回りのことについての短い文を読むことができる。 | 学級にあるお知らせ、表示、説明などを読む利用することができる。物語の出来事を予想したり、話の意味や絵を手がかりに、身近な話題についての短い文を読むことができる。定形化されていて、予想できる文章を読むことができる。 | 語の意味の理解や特定のために、複数の方略を用いることができる。楽しみや情報収集のために、短い文章を読むことができる。 |
| 語すこと | やりとり | 挨拶に応えたり、自分自身や家族に関する質問に答えることができる（相手に繰り返してもらったり、手助けをしてもらう必要がある）。日常の活動を説明できる。 | その場で必要な質問を尋ねたり、答えたりすることができる。仲間との自然な会話ができるが、会話中の手がかりには反応できないかもしれない。 | 選択を簡潔明瞭に説明でき、意見や行動に対する理由を説明できる。考えを探求したり、発展させたり、明確にすることができる。 |
|  | 表現 | 句を繰り返すことができ、1、2 語文の質問ができる。 | 簡単な筋で、絵を使って物語を語ることができる。一定期間、ある役柄を演じることができる。 | いろいろな目的で、様々な聞き手に話をすることができる（例：物語、予想、報告、描写、説明など）。 |
| 書くこと |  | 黒板にある文字、単語、短文を書き写すことができる。ほとんどの文字を正確に書くことができ、フォニックスを使って単語を綴ることができる。自分の名前や、個人や家族の情報を書くことができる。 | キーワードをほかの単語に試しに使って文を書くことができる。学習したばかりの語を綴ることができる。 | 様々な目的で短い文章を書くことができる（例：ポスター、物語、描写）。 |

149

第5章 シラバスと教材の設計

付録2 単元活動例（2000）

## Unit 3 食べ物と衣服

| | | A1 Breakthrough | A2 Waystage | B1 Threshold |
|---|---|---|---|---|
| | | Lower Primary | Upper Primary | Lower Primary | Upper Primary | | |
| 食べ物 | | 身近な食べ物を識別し、名前を言うことができる。<br>味を表す形容詞を使って食べ物を説明できる。<br>食堂やお菓子屋で食事や商品を注文することができる。<br>様々な方法で、普段食べている食べ物を分類することができる。 | 比較表現や形容詞を使って好きな料理を説明することができる。<br>好き・嫌いの観点から食べ物の好みを説明できる。<br>食習慣などについての短い読み物を読むことができる。 | 食べ物の選択について話し合い、その選択について説明ができる。<br>食べ物の準備について、段階ごとに説明することができる。<br>健康的な食事についての情報を読み、プロジェクトワークに組み込むことができる。 |
| 衣服 | | 普段着の名前を読むことができる。<br>様々な規準により衣服を分類することができる。<br>自分に関する衣服を図表に表すことの手伝うことができる（例：過去と現在、好きな色など）。 | 普段着の品目、種類を説明できる。<br>衣類の素材について、それを特定したり、話したりすることができる。<br>衣類の形やサイズについて話すことができる。 | 天気と衣類の選択を関連づけることができる。<br>様々な衣服の素材を比較することができる。 |

## Unit 10 天気

| | | A1 Breakthrough | A2 Waystage | B1 Threshold |
|---|---|---|---|---|
| | | Lower Primary | Upper Primary | Lower Primary | Upper Primary | | |
| 身の回りの天気 | | 天気の歌や童謡を聞いたり繰り返したりできる。<br>基本的な用語で日々の天気を説明できる。<br>天気観測を図表に表すのを手伝うことができる。 | 適切な語彙を使って一日の天気をリポートできる。<br>様々な活動において、どのような天気が望ましいか述べることができる。 | 嵐や冬の天気などについての話を聞くことができる。<br>人間や動物、植物に対する天気の影響を認識し、説明することができる。 | 特定の天気の影響について調べ、数行の文を書くことができる。<br>理想的な一日を説明できる。 | その地域の自然環境の天気の要素について話し合うことができる。<br>気候が住居や衣服、食べ物の選択にどのような影響を与えるかを説明することができる。 | 気候が住居や衣類、生活状況にどのような影響を与えるかを読み、他人に伝えることができる。<br>天気に関することわざを学び、それらを自分の経験と関係づけることができる。 |

150

1. アイルランド初等学校における事例研究

付録3　コミュニケーション能力の熟達度の全体的レベル指標 (2003)

受容技能

| | | A1 Breakthrough | A2 Waystage | B1 Threshold |
|---|---|---|---|---|
| 理解 | 聞くこと | 自分自身や家族、学校に関する基本的な語句を認識し、理解することができる。教師や同級生がかなりゆっくり、はっきりと話してくれれば、簡単な質問や指示を理解することができる。 | 自分自身や家族、友達や学校活動、学校の指示や手続き、友達の年齢に関する、学校で頻繁に使われる語句を認識し、理解することができる。学校外で受けとる定型の指示を理解することができる（例：交通巡視員からの指示）。店での買い物など身近な状況において、言われたことの大部分を理解することができる（例：値切る）。重要な概念や語彙があらかじめ学習済みで、適切な視覚教材の補助があれば、通常学級で学習する一般的なレベルの話題を理解することができる。顔の表情や、ジェスチャー、絵などの視覚的なサポートがあり、ゆっくり、はっきりと話されれば、話を理解することができる。 | 通常学級で明確に提示された話題の概要を理解することができる。通常学級で読み上げられた物語の概要を理解することができる。年齢相応で親しみのある話題の短い映画であれば、その大部分を理解することができる。学校内の全状況において、与えられた詳しい指示を理解することができる（例：学級、体育館、校庭など）。2人以上の英語母語話者の生徒が交わす学級でのおしゃべりを理解することにときどき聞き返しの必要がない。 |
| | 読むこと（もし適齢であれば） | アルファベットの文字を認識できる。学校や通学路上にある表示や掲示を認識し、理解することができる。教室内の表示やポスターの基本的な語句を認識し、理解することができる。初めて読む文章の基本的な語句を確認することができる。 | 親しみのある主題で、大部分が既習の語彙で書かれた簡単で短い文章を読んで理解することができる（例：学級の文章、親しみのある物語）。リストにある特定の項目を探すために、アルファベットを使用することができる（例：電話帳の中の名前を探す）。 | 話題とされている分野や、重要な語彙にあらかじめ親しんでいれば、通常学級で学習する大部分を読み、理解することができる。学校の要点を読み、感情や希望、出来事、感情についての記述を読み、理解することができる。文章中で特定の質問への解答を見つけるために、内容理解のための指示を遂行したり、物を組み立てたり使用説明に従ったりするため）。明瞭に書かれた課題を理解することができる（例：学級の宿題のため）、キーワード、図表、イラストを活用することができる。 |

151

第5章　シラバスと教材の設計

| | | A1 Breakthrough | A2 Waystage | B1 Threshold |
|---|---|---|---|---|
| 産出技能 | やりとり | 挨拶ができる。please や thank you が言える。学校内の場所への行き方を尋ねることができる。相手が身ぶりやジェスチャーで話を補ってくれれば、学校内の場所に反応する形や言葉を用いずに反応する形で話しかけてくれる、基本的な質問に簡単に答えることができる。絵にある時間がかかり、相手が手助けしてくれれば、基本的な質問に簡単に答えることができる。教室や校庭で、基本的な要求をする（例：鉛筆を借りる）ことができ、ほかの人の同様の基本的な要求に適切に応じることができる。 | 学級で注意を引くことができる。適切に、出会いや別れの挨拶や、要求、感謝ができる。家族、友達、学級、趣味、休日などについて、明瞭で身近な質問に対し、自信を持って答えることができる。しかし、会話を続けることができるとは限らない。共同学習活動（物を作ったり、人形劇をしたり、ローループレイの準備をしたり）など、教室での活動の際、教室での級友との言葉のやりとりをほぼ持続することができる。個人的な感情を簡潔に表現することができる。 | 学校や家族、日課、好き嫌いなどのような身近な話題について流暢に話すことができる。級友と一緒に共通の関心事（例：歌やサッカー、芸能人など）について話したり、共同学習活動の準備をしたりすることができる。会話を継続することができる。しかし、時折、言われたことを繰り返したり、情報をほかの人に伝えるのに困難とすることがある。 |
| | 表現 | 自分の住んでいる場所や、知っている人、持っている家族のことについて、簡単な語句や文で説明することができる。 | 一連の語句や文を使って、家族、日々の日課や活動、近い将来や遠い将来の予定について、簡単な言葉で述べることができる（例：学校外での活動や休日の予定など）。 | 授業で読んだ物語を再び語ることができる。見たことのある映画や読んだことのある本の筋を伝えることができる。そのときの感想を簡単に説明できる。家族の特別な出来事やお祝い事を説明できる（例：宗教上のお祭り、誕生日、赤ちゃんの誕生）。経験や出来事を説明できる（旅行、事故、事件など）。意見や計画について説明や理由を簡単に述べることができる。 |
| | 書くこと（しこつこばれ適齢であれば） | 自分の名前を書いたり書きうつしたりすることができる。授業で学習している短い語や句を書いたりうつしたりすることができる。絵にある表示を書きうつしたりすることができる。黒板にある短い文を書きうつすことができる。名前や住所、学校名を綴ることができる。 | 個人的、または、話題中心型の辞書に、新しく学習した用語や例文付きで記入することができる。特定の話題や親しみのある話題について、短い文章を書くことができる（例：家にいるとき、したいこと）。友達に短いメッセージを書くことができる（例：葉書）。 | 日記やニュースの説明を正確に、首尾一貫して書くことができる。ある出来事や状況を説明する短い手紙を書くことができる。本や映画の概要を書くことができる。ある出来事や状況に対する自分の感想や反応を書くことができる。人形劇用の短い対話文を書くことができる。 |

1. アイルランド初等学校における事例研究

付録 4　基礎的言語能力についての全体的尺度 (2003)

| | A1 Breakthrough | A2 Waystage | B1 Threshold |
|---|---|---|---|
| 語彙の使用 | 授業で繰り返し使われたり、明確に教えられたり、限られた範囲の使用の基本語彙を確認し、理解し、使うことができる。 | 具体的な日常の必要性や学習経験と関わる様々な語彙を確認し、理解し、使うことができる（例：授業で示され練習した話題や日課）。 | 親しみのある学級の話題、学校の日課や活動に関する様々な語彙を確認し、理解し、使うことができる。生徒がより複雑な考えを表現しようとしたり、なじみのない話題を扱おうとする際にはまだ誤りが起こる。 |
| 文法の正確さ | 数が限られているが、繰り返しの使用により習得した文法構造や簡単な文型を使うことができる（例：My name is...）。 | 授業で学習し練習した簡単な文法構造を使うことができる。親しみのある話題について話したり書いたりする際に、大体の意味を伝えることができる。しかし、時制、前置詞や人称代名詞について、しばしば基本的な誤りをする。 | 慣れ親しんだ話題（学習は話題、学校で頻繁に遭遇すること）について、ある程度正確にコミュニケーションができる。誤りがあっても意味は明瞭に伝わる。しかし、不慣れな状況や話題については困難を伴い、特に、慣れたものとの関わりが不明瞭な場合には、それが顕著である。 |
| 音韻の使用 | 範囲はごく限られているが、既習で慣れ親しんだ語や句を発音することができる。他言語を母語とする生徒の発音パターンに慣れていて、生徒が学習している内容を知っている母語話者であれば、彼らの発音を理解することができる。しかし、時折、困難を伴う場合がある。 | 外国語なまりはあるが、慣れ親しんだ語を授業で学習し学校で一般的に使用するものを、ある程度明瞭に発音できる。時々、その生徒に言ったことを繰り返すよう頼むことが必要な場合がある。 | 語を明瞭にわかりやすく自信を持って発音することができる。まだ、時折不正確な発音はあるが、全体的には英語の音声に十分慣れ親しんでいる。 |
| 正書法の使用 | 黒板、フラッシュカード、ポスターからキーワードを書き写すことができる。自分の名前、住所、学校の名前を書き写したり上は正確に書き記することができる。 | 授業で学習したことに関する短い文や語句を書き写したり、書いたりすることができる。文の区切りは大概は正しくできる。口頭で使用する語を音声に即して正確に書き記すが、綴り上は不正確な場合がある。 | 全体を通して十分理解できる短いまとまった文章を書くことができる。綴り、句読点、レイアウトのほとんどは、理解できる程度に十分正確である。 |

第 5 章 シラバスと教材の設計

付録 5 改訂版・単元活動例 (2003)

**食べ物と衣服**

| | | A1 Breakthrough | A2 Waystage | B1 Threshold |
|---|---|---|---|---|
| 理解 | 聞くこと | 衣類の主要な品目に関する語を認識し、理解することができる (例：コート、靴など)。学校の制服の主要な語を認識し、理解することができる。生徒が学校に持ってくる典型的な食べ物の主要な品目に関する語を認識し、理解することができる (例：サンドイッチ、りんご、ビスケット)。食べ物や衣類について、学級での通常の指示を理解できる (例：Put on your apron for painting.)。 | 特定の目的 (例：修学旅行に行く) のための衣類について指示された食べ物を持っていることを理解できる。学校に特定の食べ物を持っていくこと (例：チューインガム、ポテトチップス) について、その決まりや、その決まりの理由を理解できる。 | 食べ物や衣類に関する幅広い範囲の語彙を含む学級での物語や話や物語を理解することができる。 |
| | 読むこと (もし適齢であれば) | 基本的な食べ物の名前を認識し、理解することができる。衣類の主要な品目の名前を認識し、理解することができる。 | カフェやファストフード店のメニューを読み、理解することができる。スーパーマーケットでよく見る食べ物の名前を読み、理解することができる。物語に出てくる食べ物や衣類の簡単な描写を読み、理解することができる。 | 食物ピラミッドを使って、健康的な食事について読んで理解することができる。 |

154

1. アイルランド初等学校における事例研究

食べ物と衣服（続き）

|  |  | A1 Breakthrough | A2 Waystage | B1 Threshold |
|---|---|---|---|---|
| 話すこと | やりとり | 食べ物や飲み物の基本的な品目を店で注文することができる。食べ物や飲み物の値段を尋ねることができる。言葉以外の手段（例えば、うなずいたり、首を振ったり）、または1語がごく短い回答で、飲食物や衣服の好みについての質問に答えることができる。 | 飲食物の好き嫌いについて基本的な質問をしたり質問に答えたりすることができる。また、ほかの人の好き嫌いについて報告することができる。メニューについて話し合い、ほしいものを選ぶことができる。衣類の品目や種類についての質問に答えることとができる（例えば、天気によってふさわしいものについてなど）。 | 食べ物や衣類に関する教師からの指示を繰り返すことができる。衣類やファッション、食べ物や飲み物、個人的な好みを述べることができる。 |
| 話すこと | 表現 | 好き嫌いを説明するためのキーワードや簡単な語句、文を使うことができる（例: I do not like green apples, I like my new coat.）。 | 一連の語句や文を使い、一番好きな食べ物の種類を説明することができる。一連の語句や文を使い、家庭で特に大切な食事に関するイベントを説明することができる（例: 宗教上の祭り、新年など）。 | 衣服の好みを説明する一方で、それが好きな理由を説明することができる。家庭または文化上における特定の食べ物の重要性を説明することができる。家庭または文化上における特定の衣類の品目の重要性を説明することができる。 |
| 書くこと（もし適齢であれば） |  | 様々な食べ物のリストを書き写したり書いたりすることができる（例: 果物、野菜、肉など）。使用状況に合った衣類のリストを書き写したり書いたりすることができる（例: アウトドア、屋内、学校、スポーツ）。 | 食べ物が中心的な役割を果たすイベントを説明する短い文章を書くことができる（例: 家族の祝い事）。好きな衣類の品目を書くことができる。 | 年齢相応の書き方で、衣類やファッション、食べ物や飲み物について書くことができる。好きな料理の作り方の指示を書くことができる。 |

## 第5章　シラバスと教材の設計

### 天気

| | | A1 Breakthrough | A2 Waystage | B1 Threshold |
|---|---|---|---|---|
| 理解 | 聞くこと | 天気に関する基本的な語句が話されたり、読み上げられたりしたときに、それらを認識し、理解することができる(例:晴れ、雪、暑い、寒い)。 | 主要な語彙や概念が事前に学習済みで、視覚的な補助があれば、通常学級で扱われる天気に関する話題をおおまかに理解することができる。 | テレビの天気予報を見て概要を理解することができる。天気に関する教科書の単元を説明する際に教師が使った主要な語彙を理解することができる。 |
| | 読むこと(適齢であれば) | 簡単な文章や天気図、フラッシュカードに出てくる天気に関する基本的な語を認識し、理解することができる。 | 教科書にある絵を使って、天気についての主要な情報を特定し理解することができる(雨、風、気温など)。物語や他の文章で、天気に関する語を特定し、理解することができる。 | 例えば、天気に関する教科書の地理学の文章の中から重要な語を特定し、理解することができる。さらに、文章中のより詳細な情報(例:風の影響)を分類するために、これらの重要語を使うことができる。 |
| 話すこと | やりとり | 言葉以外の手段(例えばうなずいたり、首を振ったりして)、または1語かとても短い質問で、天気についての基本的な質問(Is it cold outside?)や、どんな天気が好きか嫌いかについての質問に答えることができる。 | 好きな天気についての質問に答えることができる。アイルランドの天気や異なる種類の天気についての話し合いに参加することができる。 | 天気の種類や、天気が生活様式に及ぼす影響について質問をしたり、質問に答えることができる。 |
| | 表現 | 不完全かもしれないが、天気について短い説明をするために、簡単な語句や文を使うことができる。 | 適切な形容詞を伴った一連の語句や文を使い、教室の外の天気について簡単な用語で説明することができる。 | アイルランドの天気と世界の他の地域の天気を比較することができる。 |
| 書くこと | (適齢であれば) | 天気に関する基本的な語を書き写したり書くことができる。天気に関する短い文や語句を黒板から書き写すことができる(例:ニュースを書く)。 | 様々な種類の天気に必要な衣服について文を書くことができる。「理想的な一日」について短い文章を書くことができる。 | アイルランドの天気や、様々な種類の天気で必要となる衣服や物の種類を説明する短い文章を書くことができる。世界の様々な地域の人々に対する天候の影響を説明する短い文章を書くことができる。 |

## 2. ブリティッシュ・カウンシル・ミラノにおける事例研究：10代の生徒を対象とした英語コース開発のためのCEFRの活用

アンドリュー・マナセ（Andrew Manasseh）

■ 概　　要

　本稿では、ミラノのブリティッシュ・カウンシル・ティーチング・センターの取り組みを紹介する。ここでは、センターのコースの設計と実施に当たって、CEFRの要素を組み入れることとなった背景を説明する。特定のグループに対する学習目標を設定するために「Can-doリスト」を活用した方法や、改訂版ポートフォリオの構成の例を挙げ、そして、最初の評価結果を示していく。

■ 導　　入

　CEFRのレベル体系は、多くの教育機関で採用され、イタリアでは親や子供たちに広く理解されている。

　ミラノのブリティッシュ・カウンシル・ティーチング・センターでの私たちの取り組みを見直すに当たって、包括的なCEFRを採用することに多くの利点があることがわかった。

- 私たちは、ブリティッシュ・カウンシルでの学習の手引きを全ての年齢の生徒に提示したいと考えた。ヨーロッパ言語ポートフォリオ（European Language Portfolio, 以下 ELP と略す）には有用な特徴があり、当校の生徒に合うよう適合させることができた。
- 私たちの目標のひとつは、学習内容、技能、知識のみでなく、言語能力についての生徒の進歩を記述することであるので、私たちはCEFRの「Can-doリスト」を活用した。そして私たちは、改訂後の「Can-doリスト」を 'Student Learning Aims'（「生徒の学習目標」）と呼ぶこととした。

それらは理解しやすく、授業と関係づけられている。私たちの目的は、生徒が言語（英語）で何ができるかを理解できるように手助けすることにある。
- コースブックのセクションやユニット、補助教材、「Can-doリスト」の間の関係を示す教師用版を編纂することで、「生徒の学習目標」と教室での活動とを関連づけることができた。
- 「生徒の学習目標」は、学習者の発達過程を継続的にチェックする視点も提供した。

　本稿では、中学校相当レベル（Scuola Media Inferiore level; 11–14歳）と高等学校相当レベル（Scuola Superiore level; 14–18歳）の両方のコースについて説明する。私たちがCEFRを参考にして導入したコースの新しい特徴を述べ、これらの改善点をどのように評価しようとしたかについても説明していきたい。

### ■ ミラノのティーチング・センター

　ミラノのブリティッシュ・カウンシル・ティーチング・センターでは、4歳から18歳までの子供と、初級から上級までの全レベルの成人を教えている。私たちの目的は、ミラノにおいて、より広範でより効果的な英語学習を推進することにある。

### ブリティッシュ・カウンシルのコース

　ほとんどの学生は、10月から翌年6月中旬までの1年コースに登録する。これらのコースでは、30週にわたって計90時間の授業が行なわれ、90分授業に毎週2コマ出席することになる。通常、生徒がブリティッシュ・カウンシルが定める次のレベルに到達するには1年を要する（図1参照）。

　10代の生徒の大半は、13時半から14時に公立学校の授業が終わるので、その後、15時から16時半までブリティッシュ・カウンシルの授業に出席する。

　中学校相当レベル（11–14歳）の授業には、週に1回行なわれるものもある。学校での他の活動との兼ね合いから、週2回の参加が不可能な生徒のためのコースである。

イタリアの 10 代の全生徒は、学習の範囲や程度は各学校の種類によって異なるが、学校である程度の英語の授業を受けている。'progetto lingue 2000' というプロジェクトはとてもうまくいき、生徒が中学校の修了時（14歳）までにレベル A2, 高等学校の修了時（18歳）までにレベル B1 に達するよう、学校と保護者に働きかけることに成功した。B1 レベルは多くのイタリアの大学で学位コースに進むための単位として認定されている。

■ CEFR レベル
認定された枠組みのシステム

ブリティッシュ・カウンシルは、レベル 1（初学者）からレベル 8（熟達者）までの 8 段階のレベル体系をかつて使用していた。これらのレベルは、ALTE（Association of Language Testers in Europe, ヨーロッパ言語テスト協会）や CEFR のレベルと直接関連してはいなかった。ブリティッシュ・カウンシルのコースと比べた際の子供たちのレベルについて、親たちからよく問い合わせを受けた。そこで私たちは、ブリティッシュ・カウンシルのコースと CEFR のレベルとの間の互換性を示すこととした（図 1）。

| New BC Level | CEFR Level | Cambridge exam | 年齢 | 学年 |
| --- | --- | --- | --- | --- |
| Beginner | A1 | Starters | 6–8 | Scuola Elementare |
| Elementary | A1 | Movers, Flyers | 6–10 | Scuola Elementare |
| Pre Intermediate | A2 | KET | 10–16 | Scuola Inferiore Scuola Superiore |
| Intermediate 1 | B1 | | 10–16 | Scuola Inferiore Scuola Superiore |
| Intermediate 2 | B1 | PET | 11–16 | Scuola Inferiore Scuola Superiore |
| Pre Advanced | B2 | First Certificate | 14–18 | Scuola Superiore |
| Advanced 1 | C1 | | 14–18 | Scuola Superiore |
| Advanced CAE | C1 | Cambridge Advanced | 14–18 | Scuola Superiore |
| Very Advanced | C2 | | 14–18 | Scuola Superiore |
| Very Advanced 2 | C2 | Proficiency | 14–18 | Scuola Superiore |

図 1　ブリティッシュ・カウンシルの子供用コースと CEFR レベル

## ■ポートフォリオ——生徒と親に対するガイド

　私たちは、10代、子供、成人の生徒を対象とした、当センターでの学習についてのガイドを作成した。このガイドはELPに基づいているが、当校の講座に合うように調整を加えている。

　私たちには、言語コースだけではなく、ブリティッシュ・カウンシルが提供する他のサービスについて生徒や親に伝えるための学習ガイドが必要であった。そのサービスの中には、多数の貸し出し可能な英語学習教材、コンピュータ、ビデオ、DVD、カセット、本・雑誌を有する学生用資料センターや、ブリティッシュ・カウンシル言語学習ウェブサイト、マルチメディア学習センターなどが含まれる。

　私たちの出発点は、ELPにある言語パスポート（Language Passport；認定番号6番）である。これは16歳以上の生徒を対象としたものであったが、11–18歳の生徒集団を対象に使用できるものがほしかったので、私たちは一部を残し、一部を削除することにした。

### ELPの改編

Section 1．　言語技能のプロフィール（削除した）
全新入生は講座受講前のクラス分けテストを受け、前年度からの在学生は各自の進度に応じたクラスに進む。生徒の言語レベルに対する私たちの評価は、学習者を適切なクラスに配置するには十分なものである。

Section 2．　自己評価表（残した）
生徒と親のための参照用として、これを（英語とイタリア語で）残した。

Section 3．　言語学習と異文化体験の要約（削除した）
この部分は、年長、成人の学習者にとって有用な省察用の課題となるが、年少の子供たちにはあまり関係がない。

Section 3 & 4．　証明書、修了コース認定、同等コース修了証（削除した）
この部分は年長の学習者に関係がある。

## ブリティッシュ・カウンシル・ポートフォリオ

ブリティッシュ・カウンシル・ポートフォリオは「生徒用学習ガイド」と呼ばれ、次のものが含まれている。

1. 言語学習——英語で何をしたいのかを決めるために役立つ練習
   これらは3つの質問形式の活動で、講座の最初の段階でクラスでの討論または宿題として活用された（本稿の付録を参照）。
   1. あなたはいつ英語を使いますか。
   2. 授業で何をすることを期待しますか。
   3. どのように評価されたいと思いますか。

2. 授業から期待できること——私たちの一般的な教授法を生徒に伝える方法についての説明

---

　私たちの全授業の目標は、受講者がより効果的に英語を活用できるように手助けすることである。**文法と語彙**は言語の基礎となるので、それらの学習を支援する。しかし、これだけではコミュニケーションができるようにはならない。生徒が流暢に話せるようになるために、私たちは可能な限り英語を使う機会を提供する。
　自分の**間違い**を全て直してもらいたいという生徒もいれば、全くそれを望まずに、ただ話したいという生徒もいる。教師ができる最も有益なことは、重要な間違いを直すことと、上達の仕方がわかるように生徒を手助けすることである。
　私たちは、話すことだけではなく、読むこと、書くこと、聞くことの技能にも取り組む。よいコミュニケーションのためには、何が話されたかを理解できることが必須であるので、日常会話を理解する能力がつくように支援する。リーディングやライティングも、言語を復習したり、語彙の範囲を広げるよい方法である。
　ほとんど全ての講座では、シラバスや学習目標が**コースブック**と関連づけられている。教師はコースブックを多用するが、コースがより興味深いものとなるように、他の教材や練習も活用する。もし、コースブックの全てを使わなくても心配することはない。教師はシラバス全てと全学習目標を取り扱おうとしているからだ。
　私たちは、**多様な**教授方法を活用する。例えば、ロールプレイ、クイズ、討論、ゲームなどである。これらによって授業がよりおもしろいものになることが望まれるが、これらの活動にも言語学習のねらいがある。教師は、なぜ授業で活動を行なうのか理由を説明する。なぜある方法で教えるのかということを生徒に理解してほしいからである。

図2　ブリティッシュ・カウンシル・ミラノ　教授法の説明

第 5 章　シラバスと教材の設計

3. 言語レベル——今どの辺にいるのか
   ELP の言語パスポート（認定番号 6 番、2000 年）の自己評価表

4. 学習の道具——私たちが備えている資料
   コースの学習目標など生徒に提供する資料と、学生用資料センターの補助教材のリスト

5. 進歩を測定する方法
   進歩を測定する手立てのリスト——評価される課題（通常は宿題）、授業で使用する学習目標チェック、コース修了テスト

6. 学習者訓練——学習者の学習改善に役立つアイディア
   リスニング、スピーキング、ライティングと発音に関する学習方略を身につけるためのアイディアのリスト

7. 宿題の記録
   生徒が宿題を記録することができ、教師がコメントを書いたり、生徒や親との面談で活用できる評定を書くことのできる表（図 3 参照）
   受講者がコース受講中に取り組む宿題の記録（やコピー）を保持することはよいことだと考える。

| 日付 | 説明 | コメント / 成績 |
|---|---|---|
|  |  |  |
|  |  |  |
|  |  |  |
|  |  |  |
|  |  |  |

図 3　宿題記録シート

## ■生徒の学習目標

能力に準拠した「Can-do リスト」（本書巻末にある参照文書2を参照）を精査し、私たちのコースの一部としてこれらを活用することがとても重要であることがわかった。私たちはこれらの能力記述文に手直しを加えたが、それは年少の学習者にとってよりわかりやすい文面にするためであり、また、より重要なねらいとして、教師や生徒や親がコースブックと「Can-do リスト」との関連をより明確に認識できるようにするためでもあった。「Can-do リスト」は、生徒がなぜ学習するのか、学習した言語で実際に何ができるのか、そして、どのように進歩しているのかを理解するために役立つ。

子供向けの標準コース全てにおいて、出版されている ELT コースブックを使用する。私たちは教師のプロジェクトチームを組織して、CEFR の「Can-do リスト」にコースブックの関連する箇所への参照を付ける作業を行なった。

これにより、教師はコースブックの活動やタスクと能力との間を簡単に参照できるようになる。

### 学習目標とは何か

当校では、個々の使用者の必要に応じた、複数の学習目標の定義を提示した。

### 学習支援スタッフと顧客対応スタッフに示された定義

> 「生徒の学習目標」は、なぜある言語項目や話題を学習しているのかを生徒が理解するための道標である。
> 「生徒の学習目標」は、生徒（や教師）が生徒の能力を簡便に評価するのに役立つものであり、次に何ができるようになるべきかを示す。より正式なテストとしては、コース修了テストと外部テストを使用する。
> 「生徒の学習目標」は、シラバスの選択理由を生徒に説明する手助けともなる。ただ、だからといって生徒は自分の興味のある話題や領域をリクエストできないわけではない。
> 教師は、生徒がこれらを教室での活動やタスクと関連させられるように手助けする。私たちは、それぞれの目標がコースブックのどのセクションに対応するかを示す教師版を準備した。

## 生徒と親に対する学習目標の説明

「生徒用学習ガイド」(ポートフォリオ)には、生徒と親のために次のような注釈がある。

> 教師は、コースにおける「生徒の学習目標」を提示する。これらの学習目標は、CEFR に含まれている「Can-do リスト」と関連づけられている。
> 例:「正確な文法で、丁寧に物事を頼むことができ、その答えを理解しているということを示すことができる」。
> これができるようになるために、質問語句、語順、法助動詞の用法 (can, may, could) を学び、学級や店頭のような場面で練習する。

## 学習目標の例

CEFR のレベル B1 に基づく中級 1 クラス (14–18 歳対象) の学習目標の例が図 4 である。

| | ☺ | 😐 | ☹ |
|---|---|---|---|
| スピーキング<br>親しみのある話題や個人的に興味のある話題について、対面形式の簡単な会話を開始・継続・終了させることができる。<br>日常的な話題の範囲内であれば、会話や討論を続けることができる。<br>個人的な見解や意見を述べたり求めたりすることができる。<br>旅行の手配や旅行中に起こるほとんど全ての状況に対応することができる。<br>賛成または反対の意見を丁寧に述べることができる。<br>驚き、幸せ、悲しみ、興味のような感情を表現したり、それに反応することができる。 | | | |
| リスニング<br>話がかなりゆっくりで明瞭であれば、たいていは長い討論についていくことができる。<br>日常会話で明瞭な話にはついていくことができるが、時々、語や句を繰り返してもらうことが必要である。<br>個人的に興味のある話題について、ゆっくりと明瞭に話されているラジオやテレビ番組、簡単な録音された題材の概要を理解することができる。 | | | |

2. ブリティッシュ・カウンシル・ミラノにおける事例研究

| リーディング | ☺ | 😐 | ☹ |
|---|---|---|---|
| 親しみのある話題についての短い新聞記事の要点を理解することができる。 ある話題について意見が述べられている新聞・雑誌のコラムやインタビュー記事を読むことができ、その文章の全体の意味を理解することができる。 短めの文章をざっと読んで、適切な事実や情報を見つけることができる。例えば、誰が、何を、どこで、いつなど。 明確に組み立てられた物語の筋を理解することができ、最も重要な話や出来事は何か、それらについて何が重要かということが理解できる。 | | | |
| ライティング | ☺ | 😐 | ☹ |
| 書類に記入することができる。 自分が興味のあることについて、簡単なまとまった文章を組み立てて書くことができ、個人的な見解や意見を述べることができる。 体験や出来事（例えば、旅行）について、学校新聞やクラブのニュースレターの簡単な記事を書くことができる。 友達に私的な手紙を書くことができ、出来事を述べたり、旅行を説明したり、将来の予定を話したりといったような情報を伝えることができる。 | | | |

図4　CEFRのB1レベルに基づいた、中級1クラスの生徒（14–18歳）の学習目標の例

**教師のためのガイドノート**

「Can-doリスト」とコースブックの単元、セクション、練習問題、利用可能なコースブック以外の教材との間の関係を示す、教師版の学習目標を編纂した。

教師版は、言語能力とコースブックの練習問題を相互に参照できるよう構成されていて、教師は学習目標を反映したレッスンを開発することができるようになっている。また、私たちは教師が利用できるそのほかの補助教材を示した。

例のひとつが次頁の図5にある。

第 5 章　シラバスと教材の設計

|  | スピーキング/リスニング | 教科書の参照 | 補助教材* |
|---|---|---|---|
| S/L 1 | 仕事中や自由な時間に何をするのか尋ねたり、それに答えることができる（What do you do ...?）。 | Unit 1 p 6–7 | P: RP—31a 'The things you should know about dreams' Revision pres simple<br>G: Grammar—2 tense review.doc<br>G: Grammar—2 Revision sheet<br>G: Grammar—2 Basic question formation |
| Sl L 2 | 一般的な社交表現を用いたり、それに応じることができる（How are you doing? Pleased to meet you ...)。 | Unit 1 p 13 | |
| S/L 3 | 基本的な個人情報、買い物、学校について話すために使用される言語を理解することができる。 | Unit 2 p 16–17 | P: CGE—'2 Chit Chat' Pres simp<br>P: RP—1 Who are you? Pres simp qs<br>P: RP—5 But what are they doing? Pres cont<br>G: Grammar—2 Asking questions<br>G: Grammar—2 Pres simp & Pres cont<br>G: Grammar—2 Pres simp questions |
| S/L 4 | 自分の持ち物やほしい物について話すことができる（I have got ... Have you got ...?）。 | Unit 2 p 14–16<br>Unit 2 p 17 | P: CGE—'11 Home sweet home' Pres simp qs<br>P: CGE—'24 Flatmates' Habits<br>P: RP—2 Talk about routines<br>P: RP—3 Spot the similarities House vocab<br>G: Reading—Guess the furniture<br>G: Reading—Household chores<br>G: Grammar—Adverbs of frequency |

図 5　教師版学習目標

〈注〉補助教材の中には教師用の紙製の教材セットがあり、授業使用のためのコピーが版権上許可されている。
Example P: RP—31a 'The things you should know about dreams' Revision pres simple. これは、Reward Pre-Intermediate（Susan Kay, Heinemann 1994）から引用。G というタイトルの教材（example G: Grammar—2 tense review. doc）は、ブリティッシュ・カウンシルの教師による著作、版権所有。

## 学習目標を授業でどのように使用するのか

　学習目標は、正式な評価体系として作られているわけではない。当校にはコース修了テストがあるし、生徒には資格を取るために外部の試験（例えば、ケンブリッジESOLやロンドンのトリニティ・カレッジ、他の試験委員会が実施するもの）を受験するよう勧めているからである。学習目標は、評価された結果（総括的評価）というよりも、学習過程の重要な要素であると認識されている。

　授業中の活動の一環として、学習目標の見直しを定期的に行なった。

## 生徒への指示

　「生徒用学習ガイド」（ポートフォリオ）には次の指示がある。

> 教師はコースの学習中、生徒が学習目標を忘れることのないよう注意する。生徒はリスト上で、英語でできる項目や、よりよくできる項目に印を付ける（☑）ようにする。

## 教師への指示

　次のことが教師に指示される。

> 教師たちは生徒に対して、教えていることが妥当であることを示す必要がある。さらに、それをある方法で教える理由を説明したり、どうしたら効果的に学ぶことができるかということについて生徒を指導する必要がある。
> コースブックのシラバスは生徒が学ぶ内容（what）を、「生徒の学習目標」は理由（why）を示し、そして「生徒用学習ガイド」（ポートフォリオ）には方法（how）についての助言がある。
>
> 初級から中級（A1-B2）
> 生徒に学習目標を通読させなさい（A1とA2は、英語とイタリア語で書かれている）。
>
> 2つの質問：
> 1. 授業中に行なった「Can-doリスト」と関連する練習や活動を生徒が思い出せるか。
> 2. 生徒は、それらを英語ですることに対し自信を感じているか。

もし自信を感じていたのなら、印を付ける。振り返りは正式なものではなく、授業と CEFR の「Can-do リスト」との関連を指し示すために作られていることに注意。

上級レベル (C1 と C2)
より高いレベルでは、ELP にある CEFR の「Can-do リスト」との関わりを示すために、生徒が学習した内容を振り返るようにすることはより適切である。
生徒とともに「生徒の学習目標」を読み通しなさい。

1. 授業中に行なった「Can-do リスト」と関連する練習や活動を生徒が思い出せるか。
2. 生徒は、それらを英語ですることに対し自信を感じているか。
3. 生徒がさらに練習をしたいと思う技能や言語項目はあるか。

生徒はこれを宿題として家庭で行なうことができるし、または、授業中にすることもできる。「コメント欄」にはメモを残すことができる。もし、授業と CEFR 間の関連を示す手助けとなるのであれば、ELP のコピーを使用してもよいだろう。

## ■評　価

　2003 年 3 月、私たちは、授業の各要素について生徒がどのように考えているかを知りたいと考えた。生徒にとって「最も重要な要素」、「重要な要素」、「有益だが特に重要ではない要素」、「重要でもなく有益でもない要素」がいったい何であるかを確認したかった。

　次頁の図 6 からわかるように、生徒たちは明らかに、教師を高く評価している。これは私たちが希望する通りの結果である。多くの生徒は、「生徒の学習目標」や、CEFR のレベルとの関連に価値を置いているようである。しかし、これらの結果は、注意を持って取り扱うことが必要である。なぜなら、私たちはまだこれらの回答を精査していないからである。この最初の調査は興味深く、改善するべき要素や、生徒からより高い評価を得るためにさらなる開発もしくは話し合いが必要な要素についてのヒントを提示している。

　私たちは、生徒や親、教員からフィードバックを集め、これらの特徴に対する満足度や態度を評価したいと考えている。

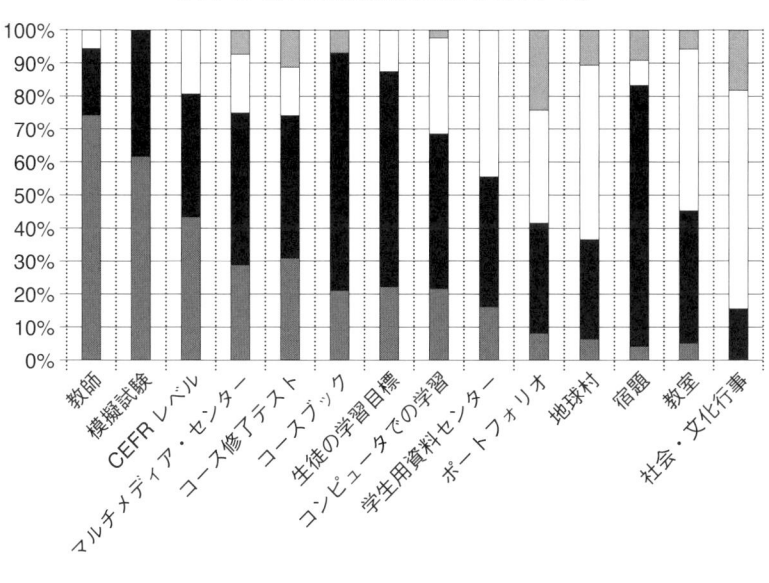

2. ブリティッシュ・カウンシル・ミラノにおける事例研究

ミラノの10代生徒は何を大切と考えているか

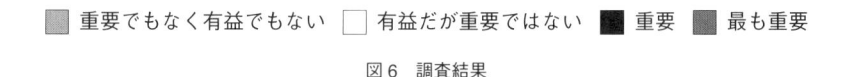

[図: 棒グラフ。横軸項目: 教師、模擬試験、CEFRレベル、マルチメディア・センター、コース修了テスト、コースブック、生徒の学習目標、コンピュータでの学習、学生用資料センター、ポートフォリオ、地球村、宿題、教室、社会・文化行事。凡例: 重要でもなく有益でもない／有益だが重要ではない／重要／最も重要]

図6　調査結果

## 在校生徒を対象としたフォーカスグループ研究

フォーカスグループに対するインタビューを実施し、さらなる研究、調査を計画している。

- 定式化された調査: 質問者は決められた質問手順に従い、定式化された質問表に記入する。
- 准定式化された調査: 質問者は質問表に従うが、より自由度の高い質問をしてさらに詳細な情報を得る。
- 非定式化された調査: 質問者は決められたトピックに従いながら討論を進める。

## 質問表の例

この調査で使用可能な質問表の例を次頁の図7で再現した。

## 第5章　シラバスと教材の設計

| 私のコースの次の<br>要素は価値がある | 強くそう<br>思う | ややそう<br>思う | あまりそう<br>思わない | 全くそう<br>思わない |
|---|---|---|---|---|
| CEFR レベルとの関連 | | | | |
| 言語学習ポートフォリオ | | | | |
| コース活動の開始<br>1. いつ英語を使いますか<br>2. 授業で何が期待できますか<br>3. どのように評価されたいですか | | | | |
| 進度の測定方法<br>1. コース修了テスト<br>2. 中間テスト<br>3. 宿題 | | | | |
| 学習目標 | | | | |
| 学習目標のチェック活動 | | | | |
| 宿題 | | | | |
| 学習施設<br>1. マルチメディア・センター<br>2. 学生用資料センター | | | | |

図7　質問表の一例

### ■結　び

　私たちが開始した変化の過程を示すために、CEFR レベル、学習目標、ポートフォリオをどのようにすれば最も有効に活用できるかということを模索中である。

　私たちの試みが、今よりよく行なわれ、よりよく伝達されていることを信じる。私たちと生徒は、私たちが成し遂げたいことを理解しており、それを伝えるように強く求められている。

　私たちには、ここからこの先どのように進むべきかという課題がある。例えば、学習目標がほかのコースブックや、コースブックがないコースに容易に適応するように、学習目標をどのように改善していくかということである。また、学習過程の中に学習者訓練を組み込む方法についても探っていきたい。

〈参考文献〉

*European Language Portfolio, accredited model No. 06.2000.* 2000 Lang Edizioni: Milano.

*Progetto Lingua Lombardia European Language Portfolio accredited model No. 30.2002.* 2002 M.I.U.R. Ufficio Scolastico Regione per la Lombardia.

〈執筆者〉

**Andrew Manasseh**

現在、ブリティッシュ・カウンシル・ミラノ副所長。1998年から2001年まで、プラハのブリティッシュ・カウンシルで、多くのEFLプログラム、教師訓練プロジェクトの運営や教授に携わった。1995年から1998年まで、ブリティッシュ・カウンシル・バンコクでビジネス英語プログラムを運営し、教材の執筆も行なった。また、日本、フランス、イタリアにおいても10代の生徒および成人に対するEFLプログラムを担当した経験がある。

第 5 章　シラバスと教材の設計

■付　　録
生徒が英語で何をしたいのかを決めるのに役立つ活動

　私たちは多くの活動を試行し、教師や生徒から最も肯定的なフィードバックがあった活動を選択した。
　ここには、生徒が自分たちの学習の必要性や優先順位に敏感になるよう企画した、省察のための 3 つの学級内活動が含まれている。コースの準備を整えるために、最初の 2 回の授業で、これらの活動を教師が重点的に行なうことが想定されている。また、生徒が学習の成果をまとめ、その記録を保持するよう促したいとも考えている。

1.　あなたはいつ英語を使いますか。
ここにはいくつかの考えがある。あなたがいつ英語を使うのか、また、どんなことがうまくできるようになりたいのかを考えなさい。あなた自身の考えを加え、それらについて先生やクラスメイトと話し合いなさい。

| いつ英語を使いますか | 頻繁に使う | 時々使う | 全く使わない | もっと使いたい |
| --- | --- | --- | --- | --- |
| 英語話者に会って話すとき | | | | |
| 英語で E メール / 手紙 / 葉書を書くとき | | | | |
| 英語でテレビ、DVD やビデオを見るとき | | | | |
| 映画館で、英語で映画を見るとき | | | | |
| インターネットを使い、英語のサイトを見るとき | | | | |
| 学校で、英語である科目を勉強するとき | | | | |
| 休日に英語を話すとき | | | | |
| 友達とインターネットで英語でチャットするとき | | | | |

2.　あなたは授業で何をしたいと思いますか。
これらは授業で行なう予定の活動の種類である。実施した活動に印を付け、どのくらい楽しかったか評価しなさい。

| 活動 | 実施した | 楽しかった | 楽しくなかった |
|---|---|---|---|
| a. ペアやグループでクラスメイトと英語で話をする | | | |
| b. ペアやグループでロールプレイや劇をする | | | |
| c. 英語で歌を聴く | | | |
| d. 英語でビデオクリップを見る | | | |
| e. 本、雑誌や新聞の記事を読む | | | |
| f. 手紙、記事や短い物語を書く | | | |
| g. 言葉遊びをする | | | |
| h. 文法規則を学ぶ | | | |
| i. プロジェクト学習をする（例：学級雑誌の編集、興味ある話題を調べる） | | | |
| j. CD-ROMやインターネットを使う | | | |

3. あなたはどのように評価されたいですか。

評価：
自分の英語がどのように進歩しているか確認するために、次のことを希望する

| 活動 | 実施した | 有用 | 有用でない | コメント |
|---|---|---|---|---|
| a. 先生が授業中に私の口頭の英語の間違いを訂正する | | | | |
| b. クラスメイトが私の口頭の英語の間違いを訂正する | | | | |
| c. 授業で定期的に筆記テストをする | | | | |
| d. 先生が私の宿題の間違いを訂正する | | | | |
| e. 宿題を自分で訂正する | | | | |
| f. 私の学習の成果について先生と話す | | | | |
| g. | | | | |
| h. | | | | |

# 3. グロスターシャー大学における事例研究：
成人対象の英語コース開発のための CEFR の活用

ピアズ・ウォール（Piers Wall）

■ 概　　観

　本稿では、グロスターシャー大学の英語言語センターであるチェルトナム国際語学センター（CILC）で現在行なわれている実践を概観する。センターでの授業の設計や実施に、CEFR の「Can-do リスト」の要素を取り入れることになった背景を説明する。この改善が行なわれた過程と、カリキュラムの他の面に与えた意義についても説明していく。

■ 背　　景

　センターは数多くの英語コースを提供している。その中には、一般英語や、IELTS およびケンブリッジ ESOL 試験の準備コースがある。これらのコースは多言語クラス（多様な母語背景を持つ学生たちが在籍するクラス）で教えられており、ほぼフルタイム（週当たり 15 時間）で約 12 週、年間を通して授業が実施されている。全てのコースには、技能ごと（リーディング、ライティング、リスニング、スピーキング）、そして文法や語彙、機能といった言語領域ごとのシラバスがある。コースではコースブックを使用し、評価は筆記試験、ライティング・タスク、教師による授業中の観察に基づいて行なわれる。

レベル

　センターでは、一般英語コースや外部試験との関係を示すために CEFR のレベルを使い始めることにした。

| CILC レベル | CEFR レベル | ケンブリッジ試験 |
|---|---|---|
| Elementary | A1 | |
| Pre-intermediate | A2 | KET |
| Intermediate | B1 | PET |
| Upper Intermediate | B2 | FCE |
| Lower Advanced | C1 | CAE |

■ 論 争 点

様々な要因により、コース計画の方法が本当に最良であるかどうかという疑問が浮かんできた。それらは次の通りである。

1. 長期受講学生の増加

仕事のためや、英語で授業が行なわれる総合大学や単科大学で将来学ぶためというような、英語学習に対する特定の目的を持って長期で受講する学生の数が増加している。そのような学生には特定のねらいや目標があり、コースはそれを満たす必要がある。

2. 中国からの学生の増加

中国という、学術的な文化が全く異なる地域からの学生数の増加は、コースや複言語クラスに影響を与えている。これらの学生にとって講座に適応するのは難しいことだった。講座が「一般的な」技能や言語の使い方を学ぶためのものであり、はっきりと直接的に試験に対応するものではなかったからである。このことは特に熟達度の低い学生に当てはまる。彼らは、全体的な言語レベルや技能、運用力を高める必要があるにもかかわらず、必要としているIELTSのスコアを達成することに重点を置く傾向があった。しかし、これらの学生は、与えられた目標を理解してそれに対応することはできた。

3. 一般英語に対する態度

特定の目標やねらいを持った学生の数が増えている中で、一般英語コースが自分の必要を満たすとは考えていない学生が出てきているようだ。学生

たちは、自分の目標を達成するために言語や技能を伸ばすことに意義を見いだせずにいた。コースブックは必ずしも学生が求めている保証を与えてはいないし、毎週の授業が自分たちの目標にどのように役立っているのか、学生たちは明確に実感できなかった。これは、特にレベルの低い学生に当てはまる。彼らは単科大学や総合大学で学ぶことを志しており、自分の英語力がどのレベルであろうと、IELTS のための学習をしなければならないと感じていた。

4. 計画の際のコースブックへの過度の依存

コースプログラムを改善するためのシステムでは、コースブックがコースの中心に置かれている。コース計画のひな型は、1 週間で扱うユニットの数を示しており、指導の指針は、コースブックのユニット数を学期の週の数で分けるとともに、必要に応じて補足教材を加えることを教師に促している。

5. 教師の観察

正式な教師の観察プログラムの一部として、教師には観察した授業についての報告書を書くことが求められている。この報告書には、ある授業における学習者の成果を記入するほか、その授業がコースおよびカリキュラムの全体的目標や成果とどのように関連しているかを記入する必要があった。教師は、後段の部分の記入が難しいと感じ、この領域についてさらに詳しい指針を求めている。

6. 学習者技能訓練

特定の学習技能と学習者技能訓練を定期的にプログラムに組み込む必要がある。英英辞典の使い方や語彙の記録の仕方のような活動は、コースの最初の 2 週間に行なわれたが、これらの技能はコースが進むにつれて繰り返され、育成されることが大切である。こうすることによって、学生はそれらの技能の重要性を理解することができるようになるだろう。

7. 試験

ケンブリッジ ESOL の Key English Test（KET）や Preliminary English Test（PET）のような低いレベルの試験を、よりはっきりと推奨する必要があっ

た。また、学生の長期的なねらいを達成する手助けとして、これらの価値を示すことも必要であった。

以上の問題点から、次のことを可能にするための手段を開発する必要性があることがわかった。

- 学生が自分の学習しているコースのねらいや成果を明確に把握すること
- 技能と言語の発達は、ねらいを達成するために重要だということを学生が理解すること
- 個々のレッスンがコースの全体的なねらいや成果とどのように関係するか、学生と教師が確認すること
- コースのねらいと成果に関わる明確な評価を通して、全ての技能領域で成果を成し遂げたかどうかを学生と教師が確認すること
- 教師が、コースブックではなくコースのねらいや成果に向けて授業の計画を立てること

■ CEFR と「Can-do リスト」

筆者は、ヨークでの IATEFL 会議（2002 年 4 月）で、CEFR の公表された版（Council of Europe 2001）に関心を持つようになった。その書籍には、CEFR の各レベルごとの能力記述文の例が示されている（本書巻末の参照文書 1 を参照）。

「Can-do リスト」を活用する利点は次の通りである。

- 私たちは既に、コース説明の段階でこれらのレベルを説明している。
- ケンブリッジ試験も、これらのレベルに対応する形で定義されており、教師や学生にとってわかりやすい。これを目安にして CEFR の「Can-do リスト」に追加・修正を加えることができる。
- 「Can-do リスト」は、コースやレベルの修了時までに、学生は何ができるようになっているべきかを学生に示す。
- 「Can-do リスト」は、教師がコースを計画するための実質的な基盤となる。
- 「Can-do リスト」は、教師が個々のレッスンとコース全体の成果を関連づけるのに役立つ。

第 5 章　シラバスと教材の設計

乗り越えるべき障害がいくつかあった。特に、CEFR が扱う領域の数の多さや、「Can-do リスト」で使用されている言語の複雑さなどである。

## 「Can-do リスト」の開発

図 1 は、2002 年 12 月に、カリキュラム開発会議の議論のためのたたき台として、教員たちのグループに提示されたものである。

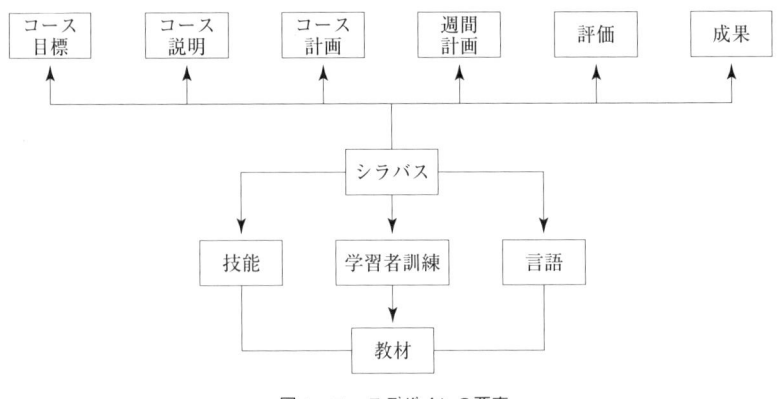

```
[コース    [コース    [コース    [週間     [評価]    [成果]
 目標]     説明]     計画]     計画]
  ↑        ↑        ↑        ↑        ↑        ↑
                    [シラバス]
              ┌────────┼────────┐
              ↓        ↓        ↓
            [技能]  [学習者訓練]  [言語]
              └────────┼────────┘
                       ↓
                     [教材]
```

図 1　コースデザインの要素

CEFR から取った「Can-do リスト」の例も提示された。カリキュラム開発会議は、レベル A1 から C1 までの一般英語コースの「Can-do リスト」を開発する試みのために行なわれることとなった。次の点が合意を得た。

- CEFR のリストと対応させるために、ケンブリッジ ESOL 試験をガイドラインとして使用する。
- 「Can-do リスト」は、教師が慣れ親しんでいる領域（例えば、文法、語彙、機能、リーディング、リスニング、ライティング）についてのみ開発する。
- ケンブリッジ ESOL 以外のタスク（例えば、ある話題について話す）についても、適切と思われるレベルで言及する。
- 発音や学習スキルのための能力記述文を作る。

教師は特定のレベルごとに、ペアになって各領域の「Can-doリスト」の原案を作成することが求められた。

　週の終わりまでに、一般英語の5つのレベルのための能力記述文の原案がまとまった。それらは、個々のレベルでケンブリッジESOL試験と関連づけられたほか、B2レベル以上においては、IELTSタイプのタスクも含まれていた。

　この過程では多くの論争点が発生した。特に、「Can-doリスト」が計画、成績についての個別指導、評価に与える影響である。学生にわかりやすい文言で記述するという課題もあった。

　この開発の初期の意義は、次の通りであった。

- コースは、コースブックではなく、「Can-doリスト」に準拠するだろう。これによって、教師の一部には大きな変更が必要となる。
- 1週間のプログラムでは、各レッスンごとの成果のみでなく、週全体の成果について能力記述文を参照する必要があり、これがいっそう重要となる。
- 進度に関する個人指導の書類では、「Can-doリスト」に直接言及する必要があり、教師はそれに対する学生の成績をはっきり示す必要がある。
- いくつかの領域、例えばスピーキングでは、現在行なわれている継続的な評価方法ではなく、明示的な評価用のタスクや規準の開発が必要だろう。
- 学生は「Can-doリスト」について知り、レッスンや1週間のプログラムがそれらとどのように関連しているのか知る必要があるだろう。
- 学習スキルは、以前よくあったようにコースの初めだけに導入するのではなく、プログラムにおいて正規の要素であることが必要であろう。

### ■「Can-doリスト」の導入

　2003年の初めに、「Can-doリスト」および上で述べた意義を残りの教員たちに紹介した。数名の教員は、これがどのように機能するかという点について懐疑的だったが、「Can-doリスト」を試し、春学期の終わりにそれらを振り返ることが合意された。スピーキング・タスクと規準が（ケンブリッジESOL試験をもとに）開発され、個人指導の書式も「Can-doリス

ト」に言及する形に修正された。全学生に各自のレベルの「Can-doリスト」のコピーが与えられた。

## 評　価

最初の評価は春学期の終わりに行なわれた。その折の課題は次の通りであった。

- 前学期から学習している学生に「Can-doリスト」を導入することの困難
- 能力記述文の文言の簡素化の必要性（低いレベルにおいてだけではなく）
- 能力記述文を用いて学生の成績を向上させるために、個別指導の機会を増やす必要性
- 能力記述文に通し番号を付ける必要性
- 週間プログラムに能力記述文の番号を記載することの必要性
- 特定のコースブックの使用を見直す必要性

これらの課題にもかかわらず、「Can-doリスト」の導入に対する肯定的な反応があった。

- 評価に当たって、教員たちは、「Can-doリスト」の原理はよいものであり、学生が自分の能力や進歩をより効果的に振り返るのに役立つと述べた。
- 数名の教師は、「Can-doリスト」のおかげで計画を立てるのが容易になったと感じた。後の評価もこれを裏付けた。
- 低いレベルにおいては能力記述文の文言をわかりやすくするという課題がまだ残っているものの、学生たちは能力記述文を有益だと評価した。B1レベルの学生に与えられた現状の「Can-doリスト」は、本稿の付録に示している。
- 週間プログラムは、コースのねらいと成果にいっそう焦点を置き、補助教材の使用が著しく増加した。
- 週間プログラムの例（次頁の図2）は、学習者の成果を強調することと、それらと「Can-doリスト」を関連させるという現在の実践状況を示している。

3. グロスターシャー大学における事例研究

グロスターシャー大学 チェルトナム国際語学センター
一般英語クラス週間計画

| クラス: DEE | レベル: C1 | 教師: Judith & Jane | コースブック: ランドマーク上級 | 1学期 第3週 |
|---|---|---|---|---|
| 成果: | スピーキングで、一連の時制を活用して、流暢さや正確さをとる 詳細または要点を聴きながらメモをとる (Can do 2/4/9/22/25) 時間と空間、犯罪と罰についての語彙を増やす メモから要約文を書いたり、様々な時制を用いて過去の出来事を記述する (Can do 26/31/33/60/61) いろいろなタイプのテキストを読み、テキストがどのようにつながっているのかを考えて、リーディング・スキルを伸ばす (Can do 36/41/42) | | | |
| 週の終わりまでに次のことを行なうこと | | | | |

| 日 | 月曜日 | 火曜日 | 水曜日 | 木曜日 | 金曜日 |
|---|---|---|---|---|---|
| 教師 | Judith & Jane | Judith & Jane | Judith & Jane | Judith & Jane | Judith |
| 課のねらい | 機能 希望 | リスニング タイム・トラベル | ライティング 事実の要約 | スピーキング/語彙 犯罪と罰 | 機能 (Obs) 過去について話す 生活の変化 |
| 教材 | C/b p. 21 Skls. Pls Grm / Spk u. 25 | C/b p. 22 | Writing Tasks 7.3 C/b p. 22 | C/b p. 26 | Skls. Pls Grm / Spk u.14 |
| 課のねらい | リーディング・スキル 事実と空想 雨/科学 | 機能 (Obs) 推測と仮定された状況 | リーディング/語彙 文明と言語 | リスニング 悪い経験の説明 | ビデオ/リスニング・スキル 宇宙 |
| 話題 教材 | C/b p. 20/21 www.scienceshack | C/b p. 23 Pairwork3 u. 15 Conv. Gramb. 44 | C/b p. 24 | C/b p. 28/29 | 実際のテレビ |
| 宿題 | W/b p. 14 タイム・トラベルメモ | W/b p. 15 | 要約を書く | 単語メモ W/b p. 19 | 日記―有名な犯罪者 W/b. p. 19 |

| 学生のコメント |
|---|
| |

図2 週間プログラムの例

- 授業観察からも、個々のレッスンと、コース目標およびカリキュラムとの間の関係を、教師が以前よりもずっとよく認識するようになったということがわかった。
- 学生は、自分の強みや学習すべき領域を以前よりも強く認識するようになってきている。
- コースブックに関する教師のフィードバックはより焦点化され、さらに分析的になった。

## ■将　来

シラバスに「Can-do リスト」を導入した今、私たちには、それらの使用を継続的に発展させ振り返ることが必要である。今後の開発のために、私たちは次のことを計画している。

- 引き続き使用されている文言を簡素化し、CEFR 版のものと一致させるために、現在の能力記述文を見直す。
- 「やりとり」のような領域用の能力記述文を導入する。
- 評価および個人指導を「Can-do リスト」と明示的に関連づける。
- 「Can-do リスト」を最初のクラス分けテストに導入する。
- 「Can-do リスト」、シラバス、個人指導、評価の間の関係を引き続き探求していく。
- 計画立案をより容易にし、補助教材の使用をさらに進めるために、各レベルの「Can-do リスト」とコースブックや補助教材を相互参照する。
- 「Can-do リスト」に基づいてコースブックを評価し、その評価を今後のコースブックの選択に使用する。
- 評価を通して学生からのより明示的なフィードバックを促す。

〈参考文献〉

Council of Europe. 2001. *Common European Framework of Reference for Languages: Learning, teaching, assessment.* Cambridge: Cambridge University Press.　次のサイトからダウンロードも可能　<http://www.coe.int/t/dg4/linguistic/Cadre1_en.asp>

## 3. グロスターシャー大学における事例研究

〈執筆者〉
**Piers Wall**
現在、グロスターシャー大学の英語言語センターであるチェルトナム国際語学センター（CILC）の所長。EFL と教員教育プログラムの学術的な運営責任者で、自身、Cambridge CELTA のトレーナーかつ顧問。英国での英語教育および教員教育の経験に加えて、ポルトガルとスペインにおいて、若年層および 10 代の生徒や成人を対象とした EFL 指導の経験がある。

第 5 章　シラバスと教材の設計

## ■付　録
レベル B1 の学生に与えられた「Can-do リスト」

〈スピーキング〉
1. なじみのある場面で英語母語話者とコミュニケーションができ、会話に参加できる。
2. 日常のなじみのある話題について話し合いに参加できる。
3. 意見や計画について、簡単に理由を述べたり説明することができる。
4. 場所、経験や状況について簡単な説明ができる。
5. 簡単な物語を伝えたり、本や映画について話し、どう感じたかについて話すことができる。
6. 改まった言葉遣いをすべきときがわかり、それができる。
7. なじみのある話題について自然に会話に応答することができる。
8. 話しているときの自分の誤りや他の生徒の誤りを訂正することができる。

〈リスニング〉
なじみのある話題について、比較的明瞭で聞き慣れた言葉で語られた短い録音を聞くことができる。
9. 絵や文字情報から、これらの録音の内容を予測することができる。
10. これらの録音を聞き、理解することができる。
11. これらの録音の要点を理解できる。
12. これらの録音の詳細な点をほぼ理解できる。
13. 親しみのある話題であれば、会話についていくことができる。
14. 口調が明瞭であれば、なじみのある話題についてのテレビ番組の要点を理解することができる。
15. 口調に慣れていれば、映画の会話を多少理解することができる。
16. なじみのある文脈での情報を理解することができる。
17. よくある状況において、電話での情報を理解することができる。
18. 話し手同士の関係を理解することができる。
19. よくある社会的状況であれば、どの程度格式のあるものであるかを理解することができる。

## 3. グロスターシャー大学における事例研究

〈リーディング〉

大部分が知っている言葉で書かれた、親しみのある話題についての短い文章を読むことができる。

20. 絵、見出しやレイアウトから、これらの文章の内容を読む前に予測することができる。
21. これらの文章を読んで要点を理解することができる。
22. これらの文章の概要や詳細を理解することができる。
23. これらの文章の詳細を理解することができる。
24. 筆者の意見や思いを理解することができる。
25. 時間や場所、所有の概念を関係づけるための言語構造を理解することができる。
26. 公の通知や掲示、手紙といった一連のテキストタイプを特定し、理解することができる。
27. 適切なレベルの短い物語を読んで理解することができる。

〈ライティング〉

28. 慣れ親しんだ話題や、個人的な興味対象(例:家族、休日、日常的な仕事)に関する話題について、簡単で論理的でまとまりのある文章(100–150語)を書くことができる。
29. 手紙や物語文、人・事物・場所についての記述文といったタイプの文章を書くことができる。
30. 適切なレベルの書式や質問紙に記入することができ、情報を伝えることができる。
31. 体験や感情を表す個人的な文章(例:当惑した出来事、人生で一番幸せな日、おもしろい映画などについて)を書くことができる。
32. 結合語や時間表現など、限られた範囲の表現を使って論理的に考えをまとめることができる。
33. よく知っている語を正確に綴ることができる。
34. 句読点を正しく使い、適切に段落構成することができる。
35. 自分の書いた文章や他人の文章の間違いを直すことができる。
36. 自分の課題や進歩を日記に記録したり、与えられた話題について日記に書く練習をすることができる。

〈学習スキル〉

37. 適切なレベルの英英辞書を使い、語や句の適切な用法を選択することができる。
38. 語の発音、語法、意味を調べるために辞書を使うことができる。
39. 参考や自主学習のために、新しい語彙や句を有用かつ適切に記録することができる(例:語彙リスト)。定期的にそれらを新しく書き換え、使うことができる。
40. ファイルやフォルダーに、コースの課題について有用で適切な記録をつけることができる。
41. レベルに応じたリーディングやリスニングの資料やホワイトボードから、重要な点についての有用なメモをまとめることができる。
42. 自分のとったメモを利用して、表や短い文章、短い会話を完成することができる。
43. 自由時間に自分自身の研究をまとめ、締め切りに間に合わせることができる。
44. 自分自身の言語運用能力や、自分と同じレベルのほかの生徒の能力を、現実的に評価することができる。
45. 自分の作品を編集し訂正することができる。
46. 自分自身の進み具合について責任を取り、自分の弱い点について自分で学ぶことができ、他人からの助けが必要なときがわかる。

〈発音〉

47. 発音を間違えることがあったとしても、発話の大部分を理解してもらえる。
48. 音節、語や文の強勢を認識できる。
49. 適切なイントネーションで発話することができる。
50. 自分の発音を評価することができる。
51. 音素表を理解し、個々の音を発音することができる。
52. 自分の発音の問題点を理解している。

〈語彙〉

53. 日常的な様々な話題や出来事(例:休日、家族、仕事)について話すた

めに、ある程度の語彙を使うことができる。
54. 感情、意見や経験（例：幸せ、悲しみ、怒り）について話すために、適切な語彙を選択することができる。
55. 異なるタイプの動詞句があることがわかり、多くの動詞句と連語を理解し使用することができる。
56. 文脈に応じた語彙を選択できる。
57. 文脈から未知語の意味を考えることができる。
58. 名詞、形容詞などがどのように形成されるかという知識に基づき、語のグループ内のほかの語を作ることができる。

〈文法〉
59. 間違えることもあるが、リストに挙げられている文法構造を効果的に使用することができる。
60. リストに挙げられている文法構造を使って、過去、現在、未来について話すための英語の時制の体系を使うことができる。
61. although, however など概念間の関係を表現する接続語（句）を使うことができる。
62. いくつかのより複雑な構文を使うことができる。
63. 基本的な誤りを自分で訂正することができる。

# 参照文書

## 参照文書1　共通参照レベル：全体的尺度

| | | |
|---|---|---|
| 熟達した言語使用者 | C2 | 聞いたり読んだりしたことを、ほとんどすべて苦労せずに理解できる。<br>聞いたり読んだりした様々な情報源から得た情報を要約し、その議論や説明を首尾一貫した形で再構成することができる。<br>より複雑な状況においても、自分の考えを即座に非常に流暢かつ正確に、細かいニュアンスを区別しながら表現することができる。 |
| | C1 | 多種多様な長く難しいテキストを理解し、含意まで認識できる。<br>あからさまに言葉を探したりすることはなく、流暢に即座に自分の考えを表現できる。<br>社会的、学問的、専門的な目的のために、言葉を柔軟かつ効果的に使うことができる。<br>文章構成、接続表現、結束表現を十分に使い、複雑な話題について明確でよく構成された詳しいテキストを産出できる。 |
| 自立した言語使用者 | B2 | 自分の専門分野の技術的議論も含め、具体的な話題や抽象的話題についての複雑なテキストの要点を理解できる。<br>母語話者との通常のやりとりが、互いに負担なく、ある程度流暢かつ自然にできる。<br>幅広い話題について明瞭で詳細なテキストを産出し、多種多様な選択肢についてその長所と短所を挙げながら、時事問題についての自分の考えを説明できる。 |
| | B1 | 仕事、学校、余暇などで日常的に出会う身近な事柄についての明瞭で標準的な話の要点を理解することができる。<br>その言語が話されている地域を旅行している間に起こる可能性のあるたいていの状況に対処することができる。<br>身近で個人的に関心のある話題について、簡単なまとまった文章を産出できる。<br>経験、出来事、夢、希望、大望などについて記述し、意見や計画について理由や説明を手短かに述べることができる。 |
| 基礎的言語使用者 | A2 | 最も直接的な分野(例：個人または家族に関する基本情報、買い物、地元の地理、仕事)に関わる文や頻繁に使われる表現を理解できる。<br>身近で日常的な事柄についての簡単で直接的な情報交換を必要とするような、単純で決まりきったタスクにおいて意思疎通ができる。<br>自分の経歴、身近な環境、直接必要のある分野の事柄について、簡単な表現で記述できる。 |
| | A1 | 具体的な必要性を満たすために、日常よく使われる表現と基本的な語句を理解し、使うことができる。<br>自分自身やほかの人を紹介することができ、個人に関する詳細なこと(例：住んでいる場所、知り合い、持ち物など)について質問や応答ができる。<br>相手がゆっくりはっきりと話し、いつでも手助けをしてくれるならば、簡単なやりとりができる。 |

〈出典〉Council of Europe. 2001. *Common European Framework of Reference for Languages: Learning, teaching, assessment*. Cambridge: Cambridge University Press.
次のサイトからダウンロードも可能 <http://www.coe.int/t/dg4/linguistic/Cadre1_en.asp>
© Council of Europe 2003

## 参照文書 1a　共通参照レベルの顕著な特徴

| レベル | | 顕著な特徴（CEFR 第 3 章第 6 節の簡略版） |
|---|---|---|
| 熟達した言語使用者 | | C2 が母語話者またはそれに近い言語力を意味するのではないことは、いくら強調しても強調しすぎることはない。当初の研究からも、CEFR の能力記述文を使って外国語と母語の能力を評価した研究 (North, 2002: CEFR Case Studies volume) からも明らかになっているように、最高レベル (C2) よりはるかに上のレベルで 2 言語を使う話者がいる。1978 年、単元・単位制度のためにヨーロッパ尺度を提案した Wilkins は、既に「2 言語両用能力」('Ambilingual Proficiency') という 7 つ目のレベルを認めている。 |
| | C2 | 'Mastery' と呼ばれる C2 は、非常に高い熟達度に達した学習者の発話に見られる正確さ、適切さ、言語を使う容易さの程度の特徴を述べている。このレベルの基準となる記述例：「幅広い修飾語句をかなり正確に使って、細かいニュアンスを正確に伝える；言外の意味も認識しながらイディオムや口語表現を自由に使いこなす；困難を乗り切るために、相手がほとんど気づかないくらいすんなりと、撤回したり言い換えたりする」。 |
| | C1 | C1 は効果的に機能できる言語能力（Effective Operational Proficiency）と名付けられた。このレベルを特徴づけると思われるのは、言語を幅広く十分に使い、流暢に自然にコミュニケーションができることである。記述例：「流暢に自然に、ほとんど努力しないで自己表現ができる。使える語彙範囲が広く、言えないことがあっても遠回しの表現を難なく使って切り抜ける。それとわかるほど言葉を探すことがほとんどなく、回避の方略もほとんど使わない：自然で流暢な言葉の流れが滞ることがあるのは、概念的に難しい話題の場合のみである」。談話技能については、ひとつ下の B2＋の特徴が C1 においてもはっきり見てとれるが、流暢さはさらに重視される。例：「発言権を得ようと前置きをするために、あるいは考える間の時間を稼ぐために、流暢に使える談話機能の中から適切な語句を選ぶ：明瞭で流れるような構成の整った発話をし、構成パターン、連結や結束の表現をうまく使う」。 |
| 自立した言語使用者 | B2＋ | このレベルは 'strong Vantage' の言語運用を表す。B2 に見られる、議論、効果的な社会的談話、言語意識が引き続き重視される。しかし、議論や社会的談話の重視は、新たに談話技能が重視されていると考えることもできる。このレベルで新たに求められる談話能力は、会話管理能力（協力の方略）において見られる。例：「他の話者の発言や推論にフィードバックしたり続けたりして、議論が進むようにする：自分と他の話者の発言を巧みに関係づける」。それは一貫性、結束性との関連においても見られる。例：「それぞれの考えを明確に示すために、様々な連結語を効果的に使う；重要な点を適切に際立たせ、関連する細部を加えながら、整然と議論を構築する」。最後に、交渉に関する項目が集中するのは、このレベルである。 |
| | B2 | B2 とレベル付けされる能力記述文は、これより下のレベルの内容と大きく異なる。例えば、B2 の下のほうにおいても、効果的な議論が重視されている。例：「議論において、関連する説明、論拠、解説によって自分の意見を明確に述べ、立証する；多種多様な選択肢についてその長所と短所を挙げながら、時事問題について観点を説明する；ある見解に賛成または反対する理由を挙げて議論を展開する；身近な状況での形式ばらない話し合いで、意見を述べ、見解を明確にし、代替案を評価し、推測したり推論に応答したりして、積極的に参加する」。第二に、このレベルを通読すると、新たな重点が 2 つある。第一に、社会的談話において何とか乗り切るという以上のことができる。例：「たとえ周囲が騒がしくても、標準的な言葉で話されれば、言われたことを細部まで理解する；いつも上手にとはいかないが、談話を始め、適切なところで発言し、必要があるときに談話を終える；ある程度流暢に自然にやりとりし、相手に負担をかけず母語話者と普通の会話をする」。第二に、言語意識の程度が高くなることである：「間違いによって誤解が生じた場合は訂正する；「よくする間違い」を書きとめ、それをしないよう意識して自分の発言を観察する；ほとんどの場合、気づいたら言い間違いや誤りを直す」。 |

参照文書

| レベル | | 顕著な特徴（CEFR 第3章第6節の簡略版） |
|---|---|---|
| 自立した言語使用者 | B1＋ | このレベルは 'strong Threshold' の言語運用と思われる。B1 の主な特徴2つに、やりとりする情報の量を重視する能力記述文が加わる。例：「面談や専門家との相談（例えば医者に症状を説明する）に必要な具体的な情報を述べるが、正確さは限られる；問題の原因を説明する；短い話、記事、講演、討論、面談、ドキュメンタリーを要約し、それについて自分の意見を述べ、細部に関する質問に答える；準備した上で対談し、情報を確認しながら進める。相手の答えが速かったり長かったりすると、時折繰り返しを求めることがある；細部にわたり指示して、何かのやり方を述べる；身近な日頃の問題や、日常的ではないが自信のある自己の領域の問題について、積み上げた事実情報を交換する」。 |
| | B1 | B1 レベルは 'Threshold Level' の細目を反映しており、2つの特徴が当てはまるだろう。第一の特徴は、様々な文脈でやりとりを維持し、言いたいことを伝達できる能力である。例：「標準語で明瞭に発音されていれば、周囲で行なわれている長い議論の主要点に大体ついていく；自分が伝えたい要点を十分に表現する；総合的に会話を続ける。ただし文法や語彙を探したり修復したりするために途切れることは明らかにあり、自由会話が長く続く場合は特にそれが目立つ」。第二の特徴は、日常生活で起こる問題に柔軟に対応する能力である。例：「公共交通機関でいつもと違う状況に対処する；旅行代理店を通じて旅行を手配したり、実際に旅行をしているときに起こる可能性のあるたいていの状況に対処する；身近な話題に関する会話に、準備なしで入っていく」。 |
| 基礎的言語使用者 | A2＋ | このレベルは 'strong Waystage' の言語運用を表す。このレベルに顕著なのは、ある程度助けてもらい、またある程度限界はあるにしても、会話により積極的に参加することである。例：「懸命な努力をせずに、単純な日常のやりとりをこなすだけの理解力がある；必要なときに相手が助けてくれれば、日常生活で予測できる身近な話題に関して意見や情報をやりとりし、理解してもらう；たいていは伝えたいことを多少あきらめながら言葉を探す必要があるが、予測可能な内容について日常の状況に対処する」。そして、一人でまとまった話をする能力がかなり高くなる。例：「自分の気持ちを簡単な言葉で表現する；人、場所、仕事や勉強など、自分の周りの日常の側面を広範に述べる；過去に行なったことや個人的経験を述べる；習慣や日課を述べる；計画や準備について述べる；あるものの好きな点や嫌いな点を説明する」。 |
| | A2 | A2 は、'Waystage' の細目に当たるレベルを反映しているようである。社会的機能について述べた能力記述文の大部分が含まれるのは、このレベルである。例：「日常の簡単で丁寧な挨拶や呼びかけを使う；人に挨拶し、近況を尋ね、消息に応答する；非常に短い社交的なやりとりをこなす；仕事や余暇ですることを尋ねたり答えたりする；誘ったり誘いを受けたりする；何をし、どこに行くかを話し合い、会う約束をする；申し出をしたり受けたりする」。ここでもまた、外出時の行動に関する能力記述文が見られる。'The Threshold Level' で外国に住む大人が行なう用件の細目一覧を簡略化し短縮した版である。例：「店、郵便局、銀行で簡単な用事をする；旅行に関する簡単な情報を得る；バス、電車、タクシーなど公共交通機関を利用し、基本情報を求め、道順を聞いたり教えたりし、切符を買う；日常の商品やサービスを求めたり提供したりする」。 |
| | A1 | A1 は、言葉を生成的に使う最も低いレベル——学習者が「単純な方法でやりとりし、自分のこと、住んでいる場所、知っている人々、持ち物に関する簡単な質問をしたり質問に答えたりし、直接必要のある分野、あるいは非常に身近な話題について、単純な発言をしたり発言に応じたりする」ことができるレベルである。状況に特有の語句を語彙的につなげた、練習済みの非常に限定された範囲の語句に頼るだけではない。 |

〈出典〉Council of Europe. 2003. 'Relating Language Examinations to the Common European Framework of Reference for Languages: Learning, Teaching, Assessment. Preliminary Pilot Version of a Proposed Manual' DGIV / EDU / LANG（2003）5, Strasbourg.
© Council of Europe 2003

参照文書2　自己評価表

|  |  | A1 | A2 | B1 |
|---|---|---|---|---|
| 理解すること | 聞くこと | ゆっくり、はっきり話してくれれば、自分、家族、身近な事柄についての聞き慣れた語やごく基本的な表現を聞き取れる。 | ごく身近な個人的領域（例：個人と家族の基本情報、買い物、近隣、仕事など）に関する表現や頻繁に使われる高頻度語を理解できる。短く明瞭で簡単なメッセージやアナウンスであれば、要点を捉えることができる。 | 仕事、学校、余暇などでよくある、なじみの事柄について、はっきりと標準的な話し方で話されたことの要点を理解できる。比較的ゆっくり、はっきり伝えられれば、時事問題や、個人的あるいは仕事上のトピックを扱ったかなりのラジオ、テレビ番組の要点を理解できる。 |
| 理解すること | 読むこと | 例えば、掲示、ポスター、カタログなどの中に現れる身近な人名や単語、ごく簡単な文を理解できる。 | ごく短く簡単な文章を読める。広告、内容説明書、メニュー、時刻表などの簡単で日常的なものであれば、具体的で予測可能な情報を見つけ出すことができる。短くて簡単な個人的な手紙も理解できる。 | 主に頻繁に使われる日常レベルの言語、または仕事に関係のある言語で書かれている文章を理解できる。私信の中に書かれている出来事、気持ち、願いなどを理解できる。 |
| 話すこと | やりとり | 話し相手が言うことを繰り返してくれたりゆっくりと言い換えてくれたりして、自分が言いたいことを言い表す手助けをしてくれれば、簡単なやりとりができる。直接必要な分野の事柄や、非常になじみのある話題について、簡単な質問をしたり質問に答えることができる。 | なじみ深いトピックや活動に関連するものであれば、簡単で直接的なやりとりが求められる日常的な仕事の中で話し合いができる。普通は自分で会話を続けるほどの理解力はないが、ごく短い社交上のやりとりはできる。 | その言語が話されている地域であれば、旅行中に起こりうるたいていの状況に対処できる。例えば、家族、趣味、旅行、時事問題などで、なじみ深く個人的にも関心があり、日常生活に関連したトピックであれば、準備がなくても会話に入っていける。 |
| 話すこと | 表現 | 自分の住んでいる場所や知っている人のことについて、簡単な句や文を使って説明できる。 | 自分の家族、周りの人、生活状況、学歴、現在の仕事や直近の職歴を簡単に表現するために、一連の句や文が使える。 | 過去の経験や出来事、将来の夢や希望、抱負を表現するために、句を単純につなぎ合わせることができる。意見や計画の理由や説明を、簡単ではあるが表現することができる。物語を伝えたり、本や映画のあらすじを伝え、自分の感想を表現できる。 |
| 書くこと | 書くこと | 短くて簡単な絵葉書を書くことができる（例：クリスマスカードを送る）。用紙に自分の情報を記入できる（例：ホテルの宿泊カードに自分の名前や国籍、住所を記入する）。 | 直接必要な分野の事柄について、短くて簡単なメモや伝言が書ける。非常に簡単な私信が書ける（例：礼状を書く）。 | 身近で個人的に関心のあるトピックについて、簡単だがまとまりのある文章が書ける。私信の中で自分の経験や印象が書ける。 |

〈出典〉Council of Europe. 2001. *Common European Framework of Reference for Languages: Learning, teaching, assessment*. Cambridge: Cambridge University Press.
次のサイトからダウンロードも可能 <http://www.coe.int/t/dg4/linguistic/Cadre1_en.asp>
© Council of Europe 2003

参照文書

| B2 | C1 | C2 |
|---|---|---|
| トピックが概ねなじみのあるものであれば、長いスピーチや講義、複雑な流れの討議にもついていける。<br>テレビニュースや時事問題を扱ったほとんどのテレビ番組を理解できる。<br>標準語が使われていれば、大多数の映画を理解できる。 | 文の構成が不明瞭で、関係性が明示されず暗示的に示されているだけであっても、長いスピーチを理解できる。<br>ほとんど努力せずにテレビ番組や映画を理解できる。 | 母語話者が早口で話したとしても、話し方に慣れるための時間が多少あれば、話し言葉のすべての種類（目の前の会話であろうと、放送であろうと）を理解できる。 |
| 書き手の独自の考えや見解が示されている、現代の問題に関する記事や報告が読める。<br>現代文学の散文を理解できる。 | 事実に基づくテキストや文学的テキストで長く複雑なものを、文体の違いを鑑賞しながら理解できる。<br>自分の専門分野以外でも、専門的な記事や長めの技術的説明書を理解できる。 | マニュアル、専門的な論文、文学作品のように、抽象的で文構成上も言語的にも複雑なテキストをほぼすべて容易に理解できる。 |
| 流暢に自然にやりとりする力があり、母語話者と普通に話すことができる。<br>なじみ深い内容であれば、話し合いに積極的に参加して自分の見解を説明したり維持することができる。 | ほとんど言葉に迷うことなく、流暢かつ自然に自己表現ができる。<br>社交的目的でも職業上の目的でも、柔軟かつ効果的に言語を駆使できる。<br>考えや意見を正確にまとめ、自分の発言を相手の発言とうまく関係づけることができる。 | 慣用表現や口語表現を熟知しており、どんな会話や議論でも容易に参加できる。<br>流暢に自己表現ができ、意味の微妙なニュアンスまで正確に伝えることができる。<br>話している間に表現できないことがあっても、相手にはほとんど気づかれずに問題を回避して、なめらかに話を続けることができる。 |
| 自分の関心がある分野に関する広範な領域のテーマを明瞭かつ詳細に説明できる。<br>異なる選択肢の長所、短所を述べながら、時事問題に関して自分の視点を説明できる。 | 複雑なテーマを明瞭かつ詳細に提示することができ、関連するテーマを統合したり意見を展開させ、適切な結論をもって論を完結させることができる。 | その場の状況にふさわしく明瞭でよどみない説明や論点の提示ができ、効果的で論理的な論旨展開ができるので、聞き手は重要な点に注意して記憶することができる。 |
| 自分の関心事に関係のあることであれば、かなり広範な話題を扱った、明瞭で詳細な文章が書ける。<br>エッセイや報告書の中で情報を伝えたり、ある見解に対して賛成・反対の理由を述べることができる。<br>自分にとって重要な出来事や経験に焦点を合わせて手紙を書くことができる。 | 明瞭かつ文構成の整ったテキストによって自己表現をすることができ、複数の見解をある程度の長さで提示することができる。<br>手紙、エッセイ、報告書の形で複雑な主題について書くことができ、顕著と考える問題をはっきりと提示することができる。<br>読み手を意識して適切な文体を選ぶことができる。 | 明瞭かつ自然な流れで文章が書ける。<br>効果的な論理展開によって問題を提示して複雑な手紙、報告書や論文を書くことができるので、読み手は重要な点に注意して記憶することができる。<br>専門書または文学作品の概要や書評が書ける。 |

## 参照文書3　言語使用の外的コンテクスト

| 領域 | 場所 | 組織 | 人 |
|---|---|---|---|
| 私的 | 家庭：家、部屋、庭<br>　　本人の<br>　　家族の<br>　　友人の<br>　　他人の<br>ホステルやホテルの自室<br>田舎、海辺 | 家族<br>ソーシャル・ネットワーク | 両親(祖父母)、子供、兄弟姉妹、おば、おじ、いとこ、義理の父母、配偶者、親友、友人、知人 |
| 公的 | 公共の場所：道路、広場、公園<br>公共交通機関<br>店舗、(スーパー)マーケット<br>病院、医院、クリニック<br>スタジアム、運動場、講堂<br>劇場、映画館<br>娯楽施設<br>レストラン、居酒屋、ホテル<br>礼拝堂 | 公共機関<br>政治団体<br>司法<br>公衆衛生<br>奉仕団体<br>協会<br>政党<br>宗派 | 公衆<br>公務員<br>店員<br>警官、軍人、警備員<br>運転手、車掌<br>乗客<br>選手、ファン、観客<br>俳優、観衆<br>ウエイター、バーテンダー<br>受付係<br>僧侶、信徒 |
| 職業 | 会社<br>工場<br>作業場<br>港湾、鉄道<br>農場<br>空港<br>店舗、ショップ<br>サービス産業<br>ホテル<br>公官庁 | 会社<br>多国籍企業<br>国有産業<br>労働組合 | 雇用主／従業員<br>管理職<br>同僚<br>部下<br>仕事仲間<br>顧客<br>買い物客<br>受付係、秘書<br>清掃員 |
| 教育 | 学校：講堂、教室、校庭、運動場、廊下<br>単科大学<br>総合大学<br>階段教室(講義室)<br>ゼミ室<br>学生会館<br>寄宿舎<br>実験室<br>学生食堂 | 学校<br>単科大学<br>総合大学<br>学会<br>専門家<br>教育機関<br>成人教育機関 | 担任教師<br>教員<br>管理者<br>助手<br>親<br>クラスメート<br>教授、講師<br>(同じ学校の)学生<br>図書館職員、実験室職員<br>食堂スタッフ、清掃員<br>守衛、秘書 |

〈出典〉Council of Europe. 2001. *Common European Framework of Reference for Languages: Learning, teaching, assessment*. Cambridge: Cambridge University Press.
次のサイトからダウンロードも可能 <http://www.coe.int/t/dg4/linguistic/Cadre1_en.asp>
© Council of Europe 2003

参照文書

| 事物 | 出来事 | 操作 | テキスト |
|---|---|---|---|
| 備え付け家具、家具 | 家族行事 | 日課 | テレテキスト |
| 服装 | 出会い | 衣服の着脱 | 保証書 |
| 家庭用設備 | 出来事、事故 | 調理、食事、洗濯、日曜大工、ガーデニング | レシピ |
| 玩具、道具、個人の衛生用品 | 自然現象 | | 説明書 |
| 骨董品、書籍 | パーティー、訪問 | 読書、ラジオとテレビの視聴 | 小説、雑誌 |
| 野生動物／家畜、ペット | 散歩、サイクリング、ドライブ | 娯楽 | 新聞 |
| 樹木、草花、芝生、池 | 休日、遠足 | 趣味 | ダイレクトメール |
| 家庭用品 | スポーツ・イベント | ゲームとスポーツ | パンフレット |
| ハンドバッグ | | | 私信 |
| レジャー／スポーツ用具 | | | 放送・録音テキスト（音声） |
| 金銭、財布、札入れ | 偶発的な事件 | 有料、無料の公共サービス | 公共のアナウンスと公示 |
| 記入用紙 | 事故、病気 | 医療サービスの利用 | ラベルと包装 |
| 品物 | 会合 | 自動車／鉄道／船／飛行機の旅 | 小冊子、落書き |
| 武器 | 訴訟、裁判 | | チケット、時刻表 |
| リュックサック | 大学祭 | 公共の娯楽とレジャー活動 | 掲示、規則 |
| ケース、取っ手 | 罰金、逮捕 | 礼拝 | プログラム |
| ボール | 試合、コンテスト | | 契約書 |
| プログラム | 公演 | | メニュー |
| 食事、飲み物、スナック | 結婚式、葬儀 | | 聖典、説教、讃美歌 |
| パスポート、免許 | | | |
| 業務用機器 | 会合 | 業務管理 | ビジネスレター |
| 産業用機器 | 面接 | 産業管理 | 備忘録 |
| 産業・工芸用道具 | レセプション | 生産活動 | 生命と安全に関する告知 |
| | 会議 | 事務手続き | 使用説明書 |
| | 見本市 | トラック輸送 | 規定 |
| | 協議 | 営業活動 | 宣伝材料 |
| | 季節の大売り出し | 販売、マーケティング | ラベルと包装 |
| | 業務災害 | コンピュータ操作 | 職務内容説明書 |
| | 労働争議 | 職場の維持・管理 | 看板 |
| | | | 名刺 |
| 筆記用具 | 新学期と入学 | 集会 | （上記のような）オーセンティック・テキスト |
| 学校の制服 | 別れ（卒業） | 授業 | 教科書、読み物 |
| 競技用具と服装 | 訪問と交流 | 試合 | 参考書 |
| 食べ物 | 親の参観日、親の参観の夕べ | 休み時間 | 黒板に書かれたテキスト |
| 視聴覚機器 | | クラブ活動と団体活動 | OHPテキスト |
| 黒板とチョーク | 体育祭、競技会 | 講義、作文課題 | コンピュータ上のテキスト |
| コンピュータ | 規律上の問題 | 実験研究 | ビデオ・テキスト |
| 書類用鞄、通学用鞄 | | 図書館学習 | 練習問題 |
| | | ゼミと個人指導 | 機関誌の記事 |
| | | 宿題 | （論文の）要約 |
| | | ディベートとディスカッション | 辞書 |

195

## 参照文書4　話し言葉の質的側面

| | 言語使用の範囲 | 正確さ | 流暢さ | やりとり | 一貫性 |
|---|---|---|---|---|---|
| C2 | 微妙な意味合いを正確に伝えると、強調したり、区別したり、曖昧さを排除するために、様々な言語形式を用いて柔軟に言い換えることができる。慣用表現や口語表現を使いこなすこともできる。 | 注意がほかのことに向けられているとき（例えば、将来のことを考えたり、相手の反応を伺ったり）していても、複雑な言葉を文法的に正しく使いこなすことができる。 | 自然な話し言葉で、ある程度の長さの自己表現を自発的に行うことができる。難しいところを避けたり言い換えたりするのであっても、とてもなめらかなので対話相手はほとんど気づかないほどである。 | 非言語的要素あるいはイントネーションの使い方を身につけ上手に難なくやりとりすることができる。発言の機会をうまくとらえ、それまでの話に言及したり、示唆したりしながらやりとりに貢献することができる。 | 多様な構成および結束表現を使い、表現力と結束性を十分適切に使いこなし、一貫性のある談話を構築することができる。 |
| C1 | 幅広い言葉を使いこなすことができる。一般的、学術的、職業上の、あるいは娯楽に関する幅広い話題について、自分の言いたいことを名言することを制限することなく、適切な文体ではっきりと自己表現することができる。 | 文法的な正確さをかなりの程度維持することができる。誤りはほとんどなく、気がつかれることもないが、誤りを犯したとしても、たいていは自分で訂正することができる。 | 概念的に難しい話題のときには、自然でなめらかな言葉使いは、その場にふさわしい語句を選んだり、自分の発言とうまく関係づけたりするのに、ほとんど苦労することなく、自己表現することができる。 | 使いこなせる談話表現の中から、その場にふさわしい語句を選んで、自分の話を始めたり、話を続けたり、自分の発言とうまく関係づけたりすることができる。 | 構成、接続表現、結束表現を使いこなし、明瞭で流れのよい、構成の整った談話をすることができる。 |
| B2+ | | | | | |
| B2 | 十分に言葉を使いこなすことができる。一般的な話題についてある程度複雑な文を用いて、言葉を探すようなことはもとより、言葉を制限したりする明確な兆候を示すことなく、自分の観点から述べたりすることができる。 | 比較的高度な文法能力がある。誤解を招くような誤りをすることはなく、たいていの誤りは自分で訂正することができる。 | 文構造や表現を探したりして言いよどむような長いポーズはなく、ほぼ同じ程度の長さで、ある程度話すことができる。 | いつも上手に会話をすることができるわけではないが、発言の機会をとらえて、適切に発言の機会を始めたり、必要に応じて会話を終わらせることができる。身近な話題の議論で、理解を確認したり、ほかの人の発言を求めたりしながら、議論を促進させることができる。 | 使用できる結束表現には限りがあり、長く話すと「飛躍」が見られることもあるが、明瞭で一貫性のある話をすることができる。 |
| B1+ | | | | | |
| B1 | 家族、趣味、興味、旅行、仕事、現在の出来事といった話題について、なんとか自己表現できるだけの言葉使いが十分できる。ただし、言いよどんだり、回りくどい言い方をすることがある。 | 予測ができる状況であれば、よく用いられる「決まり文句」や構文をかなり正確に使うことができる。 | 長い自由な発話においては、文法や語彙を考えて言いよどんだり、言い直したりすることがよくあるが、理解できるように話を進めることができる。 | 身近な話題や関心のある話題について、目の前にいる相手との対話を始めたり、継続したり、終わらせることができる。お互いの理解を確認するために、ほかの人が言ったことを部分的に繰り返すことができる。 | 短く断片的で単純な要素をつなげて、一続きの話をすることができる。 |

| | | | | |
|---|---|---|---|---|
| A2+ | | | | |
| A2 | 覚えた語句、数語のまとまり、定型表現を用いた基本的な構文を使って、いくつかの単純な状況において、日常生活の限られた情報を伝えることができる。 | 基本的な間違いが繰り返されることがあるが、いくつかの単純な文構造を正しく用いることができる。 | ポーズや話し始めの間違い、また言い直しがかなり目立つが、短い話で自己表現することができる。 | 質問に答えたり、簡単な会話に応答したりすることができる。自発的に会話を続けることはほとんどできないが、話について十分に理解できていないことを示すことがある。 | 'and' 'but' 'because' のような簡単な接続表現を用いて、語のまとまりをつなげることができる。 |
| A1 | 個人についての情報や具体的な状況に関する基本的な単純な語や句を使うことができる。 | ごく限られた範囲の単純な文法構造および暗記している範囲での構文を使うことができる。 | 表現を探したり、よく知らない語を発音したり、コミュニケーションを修正したりするため、非常に短くてポーズがあるかのにはいえば発話することができる。 | 個人的なことについて質問したり、質問に答えたりすることができる。繰り返しや言い換え、修正が非常に多いが、簡単なやりとりをすることができる。 | 'and' 'but' 'because' 'then' のような非常に基本的な接続表現を用いて、語や句のまとまりをつなげることができる。 |

〈出典〉Council of Europe. 2001. *Common European Framework of Reference for Languages: Learning, teaching, assessment*. Cambridge: Cambridge University Press.
次のサイトからダウンロードも可能 <http://www.coe.int/t/dg4/linguistic/Cadre1_en.asp>
© Council of Europe 2003

**参照文書5　CEFR に記述されている下位尺度の一覧**

※（　　）内の数字は CEFR 英語版のページ番号を示す。

**受容**
- 総合的な聴解　(66)
- 母語話者間の会話の聴解　(66)
- 聴衆のひとりとしての聴解　(66)
- アナウンスや指示の聴解　(67)
- 音声媒体と録音の聴解　(68)

- テレビや映画の視聴　(71)

- 総合的な読解　(69)
- 手紙文の読解　(69)
- 指示文の読解　(70)
- 情報収集や議論のための読解　(70)
- 指示文の読解　(71)

- 手がかりを見つけて推測すること　(96)

**やりとり**
- 総合的な話し言葉でのやりとり　(74)
- 対話相手である母語話者の聴解　(75)
- 会話　(76)
- （友達との）形式ばらない議論　(77)
- 公式の議論や会議　(79)
- 目的達成を目指す協働作業　(79)
- 物品やサービスを得るための交渉　(80)
- 情報交換　(81)
- インタビューすること、されること　(82)

- 発言権を得ること（話者交代）　(86)
- 協働すること　(86)
- 説明を求めること　(84)

- 総合的な書き言葉でのやりとり　(83)
- 手紙　(83)
- メモ、伝言、書類の記入　(84)

**産出**
- 総合的な話し言葉による産出　(58)

- まとまりのある独話: 経験の説明 (59)
- まとまりのある独話: 意見の主張 (59)
- 公の人々に向けてのアナウンス (60)
- 聴衆に向かって話をすること (60)

- 総合的な書き言葉による産出 (61)
- 創作 (62)
- 報告書とエッセー (62)

- 立案すること (64)
- 補完すること (64)
- モニターすること・修正すること (65)

**受容と産出の統合**
- ノートを取ること（講義、セミナーなど） (96)
- テキストの処理 (96)

**コミュニケーション能力の諸側面**
**言語的側面**
- 一般的な言語使用の範囲 (110)
- 語彙の範囲 (112)
- 語彙の使用範囲 (112)
- 文法の正確さ (114)
- 音韻の使用範囲 (117, 118)

**社会言語的側面**
- 社会言語的適切さ (122)

**語用論的側面**
- 柔軟さ (124)
- 話者交代（反復） (124)
- テーマの展開 (125)
- 一貫性と結束性 (125)
- 話し言葉の流暢さ (129)
- 叙述の正確さ (129)

参照文書6　書くことの評価基準

| | 総合的評価 | 言語使用の範囲 | 一貫性 | 正確さ | 描写 | 議論 |
|---|---|---|---|---|---|---|
| C2 | 適切で効果的な独自の文体を用いて、明瞭で非常に正確な、流れのよい複雑な文章を書くことができる。複数の資料からの情報を把握するような重要な点を述べるように論理構成をすることができる。 | 微妙な意味合いを正確に伝えながら、微妙な意味の違いを強調・排除したり、あいまいさを排除するために、様々な言語形式を用いて、複雑な言語の意味を述べることができる。また、慣用表現や口語表現を使いこなすことができる。 | 多様な構成および幅広い接続表現と結束表現を十分適切に使いこなし、一貫性のある文章を作成することができる。 | 最も複雑な言語形式においても、一貫しても正確に文法を使いこなすことができる。誤りはほとんどなく、まれな場合に限る。 | 明瞭で流れのよい、読者を引きつけるような話や経験にふさわしい文体で書くことができる。 | 明瞭で流れのよい、複雑な報告書、記事、論文を書き、主張を述べたり、提案や文学作品の評価をすることができる。読者が重要な点を把握できるように、適切で効果的な論理構成をすることができる。 |
| C1 | 複雑な話題について、明瞭で構成の整った文章を書くことができる。関連する補助的な観点、根拠、関連する事例を示して、観点を発展させたり裏づけたりすることができる。そして、適切な結論で締めくくることができる。 | 幅広い言葉を使いこなすことができる。一般的に学術的、職業上の幅広い話題について、自分の言い回しを限定することなく、適切に自己表現することができる。文体や論調における柔軟性はやや限られている。 | 構成、接続表現、結束表現を使いこなし、明瞭で流れのよい、構成の整った文章を作成することができる。 | 文法的な正確さをかなりの程度維持することができる。誤文法、コロケーション、慣用表現に誤りが見られることがある。 | 明瞭で詳細な、構成の整った、高度な描写や独創的な文章を書くことができる。安定した独自の自然な文体で、想定した読者に適切なものを書くことができる。 | 複雑な話題について、関連する際立った問題を強調し、明瞭で構成の整った説明文を書くことができる。補助的な観点、根拠、関連する事例を挙げて、論点を展開したり、裏づけたりすることができる。 |
| B2 | 興味のあることに関する幅広い話題について、明瞭で詳細な文章を書くことができる。公式または準公式的な書式で書くことができる。複数の資料からの情報や議論を統合したり評価したりして書くことができる。決まった言葉を区別して使うことができるが、適切さに欠ける表現を時折使うことがある。 | 十分に言葉を使いこなすことができて、一般的な話題について、ある程度複雑な説明をしたり、自分の観点を表現したりすることができる。ただし、表現の豊かさや慣用度にはかけるところがあり、より複雑な形式の使用は型通りのものに留まっている。 | 使用できる限り文末表現には限りがあり、長い文章を書く際には破綻して見られるが、明瞭で一貫性のある文章を書くことができる。 | 比較的高度な文法能力がある。誤解を招くような誤りをすることはない。 | 現実や想像上の出来事や経験について、明瞭で詳細な記述をすることができる。複数の考えを関連させながら書くことができ、当該のジャンルの標準的な表現方法に則った書き方をすることができる。関心のある話題に関連した幅広い話題について、明瞭で詳細な記述をすることができる。映画、本、演劇の批評を書くことができる。 | 重要な点や論点を支える証例を適切に強調しながら、議論が体系的に展開する論文や報告書を書くことができる。様々な意見や解決策を評価することができる。特定の論点に対する賛成・反対の選択肢の長所と短所を説明したりしながら、論文や報告書を書くことができる。複数の資料からの情報や議論を統合することができる。 |

200

参照文書

| | | | | | |
|---|---|---|---|---|---|
| B1 | 関心のある身近な話題について、まとまりのある簡単な文章を書くことができる。短い断片的な要素をつなげて、まとまりのある簡単な文章を書くことができる。文章は理解可能であり、つづり、句読法、文法などが自己表現できるだけの言語使用が十分であるが、不明瞭な表現や整合性に欠ける点などが自に見られ、読解を妨げることがある。 | 家族、趣味、興味のあること、仕事、旅行、現在の出来事といった話題について、回りくどい言い方などでしか自己表現できないが、なんとか自己表現できる。 | 短く断片的な要素をつなげて、一貫してまとまりのある文章を書くことができる。 | より一般的な状況で用いられる、よく用いられる「決まり文句」や構文をかなり正確に使うことができるが、読み誤りやは犯すが、文脈から正しく解釈できる程度のものである。 | 感情や反応を記述しながら、経験や身近な話題について書いて表現することができる。現実または想像上の出来事や最近の旅行について記述することができる。物語文を書くことができる。関心のある身近な話題について、率直で詳細な記述をすることができる。 | 関心のあることについて、短くて簡単な論文を書くことができる。自分の関心のある分野であれば、ある程度の自信を持って、身近な日常に関して集められた非日常的な事実を要約したり、報告したり、それについて意見を述べることができる。標準的な形式に沿って、短い簡単な報告書を書き、日常的な事実を伝えたり、行動の理由を説明したりすることができる。 |
| A2 | 'and' 'because' のような簡単な接続表現でつなげられた単純な語句や文章にすることができる。長い文章になると一貫性の点で理解しにくいところがある。 | 日常生活の単純な状況において、暗記のまとまりや、数語のまとまりから成る基本型表現などから成る基本的な構文を用いて、限られた情報を伝えることができる。 | 'and' 'but' 'because' のような簡単な接続表現を用いて、語のまとまりや句のまとまりをつなげることができる。 | 基本的な間違いが繰り返されることがあるが、いくつかの単純な文構造を正しく用いることができる。誤解を招くような誤りを犯すこともできる。 | 想像上の人物の伝記を短く簡単に書いたり、人々に関する簡単な詩を書いたりすることができる。出来事、過去の個人的な活動、個人的な経験について、とても短い基本的な記述をすることができる。 | |
| A1 | 単純な単独の語句や文章を書くことができる。長い文章になると一貫性の点で非常に理解しにくい、あるいは理解できないところがある。 | 個人についての情報や具体的な状況に関する非常に基本的な表現を用いて、暗記している範囲での簡単な語句を使うことができる。 | 'and' 'then' のような非常に基本的な単純な文法構造や、暗記している範囲での簡単な語や語句のまとまりをつなげることができる。 | 限られた範囲の単純な文法構造や、暗記している構文を使うことができる。 | 自分自身や想像上の人物について、どこに住んでいるかについて何をしているかについて、簡単な語句や文で書くことができる。 | |

〈出典〉Council of Europe. 2003. 'Relating language examinations to the Common European Framework of Reference for Languages: Learning, teaching, assessment (CEF). Preliminary Pilot Version of a Proposed Manual' DGIV / EDU / LANG (2003) 5, Strasbourg.
© Council of Europe 2003

# 索　引

**〔あ行〕**
アイテムバンク　130
アドバイス　109, 111
誤り　25
一貫性（coherence）　196, 200
一般的能力　46, 47, 50
異文化能力　21
インタラクション　→やりとり
欧州評議会　3
音声能力　47

**〔か行〕**
下位尺度（sub-scales）　10, 198
外的コンテクスト　24, 194
外的妥当性検証　116, 128, 129
書くこと（writing）　21, 22, 149, 152, 155, 156, 192, 200
学習　26
学習活動　18
学習者技能訓練　176
学習者の育成　104
学習者の自律　16, 32–34
学習スキル（study skill）　47, 186
学習能力　47, 48, 90
学習目標　24, 163–167
拡張記述　110
学級内活動　172
活動　90
聞くこと（listening）　21, 22, 36, 149, 151, 154, 156, 192
基準設定　126
基礎的言語使用者（basic user）　189, 191
機能　66, 76, 80

技能（skill）　21, 22, 38, 50, 90, 142
教育的機能　41, 106, 143
教室　66
共通参照レベル（common reference levels）　9, 11, 36, 116, 189–191
記録機能　37
議論（argument）　200
言語運用力の構成要素　90
言語学習　16, 17
言語技能のプロフィール　38
言語構造的能力（linguistic competence）　119, 121
言語使用の範囲（range）　196, 200
言語能力　19
言語の質　37
言語バイオグラフィー（Language Biography）　35, 39, 41
言語パスポート（Language Passport）　34, 38
ケンブリッジ試験　70, 159, 175
語彙　153, 186, 199
行動基準　118
行動中心　18
コースブック　161, 163, 176
個人差　55
コミュニカティブ・アプローチ　5, 17, 19
コミュニカティブな言語能力　23
コミュニケーション活動　11, 23, 51
コミュニケーション能力　151, 199
コミュニケーション方略　23, 50, 69
語用論的能力　20, 119

203

索　　引

〔さ行〕

細目化　116, 118
産出（production）　11, 21, 51, 152, 198
自己認識　104
自己評価（self-assessment）　27, 38, 49, 71, 101, 104
自己評価表（self-assessment grid）　22, 27, 36, 192
実行力　26
実証的妥当性検証　128
実存的能力　21, 48, 53, 56
質的基準　124
質的側面　196
実務知識　48
指標　138, 140–147, 151
社会言語的能力　21, 119
社会的能力　47
習得　26
熟達した言語使用者（proficient user）　189, 190
熟達度指標　138, 140–147, 151
受容（reception）　11, 21, 151, 198
生涯学習　46
省察　49
シラバス　65, 66, 73, 80
自律（autonomy）　16, 26, 33, 56, 112
自立した言語使用者（independent user）　189–191
資料集（Dossier）　35, 39
信念　54, 60
心理的特徴　47
スイス版 ELP　36
スキル　→ 技能
ストラテジー　→ 方略
スピーキング　51, 164, 184
正確さ（accuracy）　153, 196, 200
正書法　153
宣言的知識　48, 52
全体的尺度（global scale）　9–11, 21, 65, 153, 189

全体的能力記述文　145, 149
戦略的能力　21

〔た行〕

ダイアラング　98
態度　53, 54, 60
タスク　50, 60, 81, 123
妥当性検証　128
単元活動　142, 145, 149, 154–156
単元・単位制度　5
チェックリスト　36, 42, 142
仲介（mediation）　21
テキスト（text）　100, 110, 195
到達指標　64, 65
特化された尺度　23

〔な行〕

内的妥当性検証　128
内容基準　117
難易度　126
ニーズ分析　24
2言語両用能力　190
認知能力　47
能力（competence）　7, 90
能力記述文　7, 10, 22, 74, 116;　→ Can-do リスト

〔は行〕

発音　153, 186
話し言葉の質的側面　196
話すこと（speaking）　21, 22, 149, 152, 155, 156, 192
場面　66
評価基準　123, 200
評価構成　118
評価システム　98
評価用タスク　123
表現（spoken production）　22, 149, 152, 155, 156, 192
描写（description）　200

204

標準化　116, 118, 124
フィードバック　102, 106–109, 111
複言語主義　4, 32
部分的能力　19, 20
プラスレベル　119
文法　69, 70, 73–75, 80, 153, 187
報告機能　37, 106, 143
方略（strategy）　50–52, 54, 55, 60, 69
方略トレーニング　60
ポートフォリオ　→ELP
母語話者　19, 22, 190

〔ま行〕
間違い　25, 161
学ぶ力　46
メタ認知技能　49
目標　15, 24, 49, 122, 163–167

〔や行〕
やりとり（interaction）　11, 21, 22, 51, 149, 152, 155, 156, 192, 196, 198
ユーロセンター言語熟達度尺度　130
ヨーロッパ言語共通参照枠　→CEFR
ヨーロッパ言語ポートフォリオ　→ELP
読むこと（reading）　21, 22, 149, 151, 154, 156, 192

〔ら行〕
ライティング　51, 165, 185
リーディング　51, 54, 165, 185
理解（understanding）　22, 51, 110, 149, 151, 154, 156, 192
リスニング　51, 60, 164, 184
流暢さ（fluency）　71, 196
領域　22, 24, 80, 194
レベル　21, 68, 122, 159, 175
レベル指標　138, 140–147, 151
レベル判定　126

〔欧文〕
Breakthrough　149–156
Can-do リスト　69, 73–77, 141, 177, 179, 184–187
CEFR　6, 8, 33, 116
CEFR レベル　159, 175
DIALANG　98
ELP　22, 32, 34–44, 105, 142–144, 160
Mastery　190
Swiss ELP15+　36
Threshold　5, 6, 149–156, 191
Vantage　190
Waystage　6, 149–156, 191

〈訳者紹介〉

**和田　稔**(わだ　みのる)　第 1 章担当
1938 年生まれ。東京教育大学文学部英米語学科卒業。3 校の千葉県立高等学校で英語を教えたあと、千葉県教育センター研修主事、千葉県教育委員会外国語教育担当指導主事を経て、文部省(当時)初等中等教育局外国語教育担当教科調査官の仕事に当たる。その後、明海大学外国語学部および同大学応用言語学研究科で教鞭をとり、2008 年 3 月に定年退職。現在、明海大学名誉教授。

**髙田智子**(たかだ　ともこ)　第 2 章担当
お茶の水女子大学文教育学部卒業。ボストン大学 M.Ed.(TESOL)、ニューヨーク大学 Ph.D.(TESOL)取得。学習院女子中・高等科教諭を経て、現在、明海大学外国語学部准教授。文部科学省「外国語教育における「CAN-DO リスト」の形での学習到達目標設定に関する検討会議」委員。著書に『新版英語科教育法』(共著、学文社)、『CAN-DO リスト作成・活用のための英語到達度指標 CEFR-J ガイドブック』(共著、大修館書店、近刊)などがある。

**緑川日出子**(みどりかわ　ひでこ)　第 3 章担当
テンプル大学教育学部修士。公立高等学校の教諭、昭和女子大学人間文化学部教授、同大学大学院文学研究科教授を経て、現在、同大学英語コミュニケーション学科非常勤講師。英語授業研究学会理事、文部省指導者講座講師、文部省学習指導要領改訂協力者会議委員などを歴任。専門は英語教授法、教室での第二言語習得、英語教育。CEFR の理念と教育実践の日本への応用可能性に関する研究に取り組んでいる。主な著書に『すぐれた英語授業実践──よりよい授業づくりのために』(共著、大修館書店)など。

**柳瀬和明**(やなせ　かずあき)　第 4 章担当
都立高校での教員を経て、現在、公益財団法人日本英語検定協会制作部アドバイザー。オーストラリアの各種教育機関で日本語教育に従事した経験を持つ。英検の問題作成・分析、各種英語試験や英語学習に関する調査研究などに従事。著書に『大学入試よく出るテーマ 読み解き英語長文 800』(旺文社)、"Birdland English Course for Reading"(共著、文英堂)、『「日本語から考える英語表現」の技術』(講談社ブルーバックス)、『日本語を活かした英語授業のすすめ』(共著、大修館書店)、『ジュニアプログレッシブ英和・和英辞典』(共編、小学館)などがある。

**齋藤嘉則**(さいとう　よしのり)　第 5 章担当
1958 年生まれ。宮城教育大学教育学部卒業後、宮城県公立中学校教諭、現職のまま内地留学にて宮城教育大学大学院英語教育専修修了(教育学修士)。仙台市教育局学校教育部教育センター指導主事、仙台市立中学校教頭、宮城教育大学教職大学院准教授を経て、現在、文部科学省初等中等教育局教科書調査官(外国語)。主な論文に、「生徒の Speaking 力を育てる授業改善の試み──『英語教員研修』の成果を通して──」(Step Bulletin vol. 18, (財)日本英語検定協会)がある。専攻は英語教育、特に、教育課程論、授業研究および評価、学習者論(動機および方略)。

ヨーロッパ言語共通参照枠(CEFR)から学ぶ英語教育

2013年5月1日　初版発行

| | |
|---|---|
| 編　者 | キース・モロウ |
| 訳　者 | 和田　稔／高田智子 |
| | 緑川日出子／柳瀬和明 |
| | 齋藤嘉則 |
| 発行者 | 関戸雅男 |
| 印刷所 | 研究社印刷株式会社 |
| 発行所 | 株式会社　研究社 |
| | http://www.kenkyusha.co.jp |

KENKYUSHA
〈検印省略〉

〒102-8150
東京都千代田区富士見2-11-3
電話　(編集) 03 (3288) 7711 (代)
　　　(営業) 03 (3288) 7777 (代)
振替　00150-9-26710

© M. Wada, T. Takada, H. Midorikawa, K. Yanase, Y. Saito, 2013

装幀：清水良洋 (Malpu Design)

ISBN978-4-327-41083-4　C3082　Printed in Japan